JN409352

명태 돌아오라

명태 돌아오라

김도희 수필집

수필과비평사

| 책머리에 |

세 번째 수필집을 내면서

『바람소리 물소리(2009)』와 『자전거 타는 남자(2016)』를 출간한 후 세 번째의 수필집을 준비하여 왔다.

쓴 글도 다시 보면 부족함을 느낀다.

출간된 글도 다시 보면 고쳐야 할 부분이 보인다.

수학과 과학은 답이 있는데, 글쓰기는 답이 없다.

완성과 끝이 보이지 않는다.

나는 오늘도 끝도 답도 없는 글을 쓰고 있다.

책을 읽고 글을 쓰는 일은 삶의 도리를 익히는 수양의 과정이라, 살아 있는 한 읽고 쓰려고 한다.

수정하고 또 수정하고, 읽고 또 읽고, 쓰고 또 쓰고자 한다.

글을 읽고 쓰는 순간 긴장되고 흥분되며 즐겁고 행복하다.

사람은 떠나고 돈은 사라질 것이다.

욕망과 쾌락은 잠깐이고 글은 영원히 남을 것이다.

이전에 쓴 글을 수정하고 새로 쓴 글을 모아 『명태 돌아오라』를 출간하게 되었다.

읽어주시고 도움을 주신 분들께 감사의 말씀을 올린다.

2019년 3월

저자 김도희

CONTENTS

김도희 수필집

명태 돌아오라

1부

산, 바다

2부

도시

3부

시골

4부

그 외

1부

산, 바다

산호초

유리 박스 안에 산호가 전시되어 있다. 아름답고 찬란했던 모습은 사라지고 딱딱하게 굳어 있다.

산호는 청정한 곳에서만 살아간다. 혼탁한 곳에서는 살지 않는다. 수십억 년 전부터 수백 종 이상이 서로 협력하면서 살아왔다. 혼자가 아닌 군체를 이루고 있어 '산호초'라 한다.

번식은 한 가지만이 아니다. 수정율을 높이고 포식자를 피하기 위해서일까. 물 흐름이 빠른 보름달 밤, 엄청난 양의 알과 정자를 구름처럼 안개처럼 분출하여 짝을 이룬다. 그뿐인가 짝도 없이 어미 몸만으로 자가 복제를 하듯 둘로 나누어지고, 싹이 돋아나듯 혹이 생겨나듯이 생성되고 성장한다. 스스로 탄산칼슘을 분비하면서 몸을 확장해 간다. 호주에서는 폭이 150km, 길이가 2,000km나 되는 산호초가 있다고 하니 지구상에 존재하는 생물체 중 규모가 가장 클 것이다.

자웅동체, 자웅이체, 스스로 성전환까지 하는 것을 보면 자신들의 삶의 과정과 주변 환경이 얼마나 혹독한지 짐작할 수 있다. 험난한 환경에서도 미세 조류와 공생하면서 여러 생물들과 함께 살아간다. 뇌 모양, 나무, 풀, 꽃잎과 꽃이 활짝 핀 모양으로 형태도 다양하고 색깔도 가지각색이다.

바람에 흔들리는 들꽃처럼, 물결에 살랑대는 산호는 참으로 화려하고 아름답다. 황홀 찬란하다. 육지와 바다의 생물 중 최고이다. 형태와 행동은 외유내강外柔內剛. 바깥쪽은 부드럽고 속은 단단하다. 가만히 있다가도 촉수에 먹잇감이 닿으면 잽싸게 독침으로 마비시킨다. 서로 힘을 합쳐 먹이를 잡는데 자신의 배만 채우지 않는다. 혹독한 환경에서도 먹이를 나누면서 살아가는 것을 보면 외모답지 않게 통이 큰 생물이다.

식물처럼 보이지만 근육과 촉수, 입과 소화기관을 갖춘 동물이다. 하지만 부레도 비늘도 지느러미도 없다. 시각이나 후각, 청각도 없다. 이곳저곳을 기웃거리지 않는다. 한곳에 정착해서 묵묵하게 살아가지만 쓰레기나 오물을 버리지 않는다. 오히려 오물을 정화하고 지구 온난화를 완화시켜 준다. 그렇다고 가난하고 외로운 것은 아니다. 눈에 보이지 않는 작은 크기의 플랑크톤에서부터 해조류,

어류, 고둥까지 온갖 생물과 함께하기 때문이다.

올해에는 무척이나 더웠다. 날씨가 점점 더워지고 있음을 실감할 수 있었다. 산호초는 지구 온난화의 주범인 이산화탄소를 흡수하고, 유익한 산소를 생성하는 광합성 능력이 육상의 산림보다 낫다. 어떻게 이산화탄소와 물을 이용해서 그렇게 단단한 몸을 형성하는지. 생김새뿐만 아니라 하는 행동 모두가 예쁘다. 바다에서 살고 있는 수많은 생물 중 이보다 더 아름답고 가치 있는 일을 하는 생물이 있을까.

칠보 장식에도 사용하고, 에이즈 감염과 백혈병, 피부암을 치료하는 원료로도 사용된다. 피로회복과 숙면, 건강 보조식품으로도 사용된다. 골다공증과 사람들의 뼈 이식에도 사용된다. 각종 장신구나 부적으로도 사용된다. 아프리카에서는 산호 원석이 형벌을 사면해주는 귀한 보석으로도 취급된다. 집단으로 단단한 군락을 이루어 콘크리트 같아서 해안의 침식을 막아주는 방파제와 완충제 역할도 한다.

산호초를 바라보는 시각이 각자 다르다. 항해사들은 암초로 간주하고, 어부들은 어류들이 서식하는 어초로 생각한다. 관광객들은 아름다운 볼거리로 바라본다. 바다의 관리자는 유용한 관광자원, 수산자원, 방파제로 취급한다. 해양학자들은 환경 변화를 관찰하는 생물지표로 이용한다.

아름다운 자태와 심미적인 기능 때문에 인기가 높다. 특히, 스킨

스쿠버들에게 인기가 높다. 산호초의 인기는 죽은 후에도 계속된다. 하지만 살아 있을 때 아름답고 생동감이 넘친다. 생명을 잃으면 하얗게 변하고 딱딱하게 굳어버린다.

산호초가 살아가기가 점점 힘들어지고 있다. 이미 많은 산호가 사라졌다. 산호는 수온, 빛, 염분, 이산화탄소, 자외선과 같은 환경 변화에 특히 민감하다. 공생 관계에 있는 생물들과도 밀접한 관계를 맺고 있다.

지금과 같이 지구 온난화가 진행된다면, 2100년에는 절반 이상의 산호초가 사라지거나 훼손될 것으로 전망된다. 닥쳐오는 환경 변화에 저 혼자 잘살고자 저 혼자 살아남기 위해 결코 비굴한 법이 없다. 자신의 역할을 다하고 불평불만 없이 운명으로 받아들인다. 소리 없이 미동 없이 살아오던 그 자리에서 죽음을 맞이한다. 누구에게도 피해를 주지 않으며 주변 환경을 손상하지도 않은 체, 하얀 소복을 입은 듯 긴 생을 마친다.

산호초가 죽으면 산호초의 죽음만으로 끝나는 것이 아니다. 생태계는 서로 연결되었기에 산호초가 죽으면 지구 온난화가 빨라진다. 지구 온난화가 빨라지면 수온 상승과 해수면 상승, 적조나 해파리가 번성하고 폭우와 가뭄, 태풍, 해일, 농작물 피해, 질병 발생과 같은 온갖 재해와 기상 이변이 발생된다. 결국 육지와 바다의 모든 생물들이 영향을 받는 것이다.

산호가 살아야 우리들 나도 살아갈 수 있다. 죽은 산호를 어찌 그냥 볼 수 있을까. 유리 박스 안에 죽어있는 산호를 지켜보는 마음이 무겁기만 하다.

—2016년 『한강문학』 겨울호

명태 돌아오라

모두들 따뜻한 곳을 선호하나 명태는 차가운 곳에서 살아간다. 날쌔고 부지런하여 몸이 단단하다. 독을 품지도 않고, 니글니글하지도 않으며, 날카롭지도 않다. 동그란 눈, 날렵한 입, 생김새와 눈빛이 친근하며 순박하다. 화려하지 않으나 품위가 있다. 어류 중에는 미스 생선이요, 비행기로 치면 콩코드와 같다.

이름 붙인 사연도 가지각색. 처음 잡힌 지역명과 어부의 성씨를 따라서, 그리고 사람의 눈을 좋게 하고, 어둠을 밝힌다고 하여 '명태'라 이름 붙였다. 한때는 이름조차 없었던 그에게 붙인 명칭은 이루 다 셀 수 없다.

방금 잡힌 놈은 생태, 봄에 잡히면 춘태, 가을에 잡히면 추태, 겨울에 잡히면 동태이다. 어린것은 노가리이고, 그물로 잡으면 망태, 낚시로 잡으면 조태이다. 멀리 원양어선에서 잡히면 원양태, 가까운 근해에서 잡히면 지방태이다. 그뿐인가. 가공법에 따라서 얼리면 동태, 말리면 북어이고, 북어가 되기 전 반건조된 것은 코다리이다. 찬바람에 얼고 녹기를 반복해서 말리면 황태이다.

서해에서 조기였다면 동해에서는 명태였다. 명태는 추위와 세찬 물결을 헤치고 밥상 위에 오른다. 죽어서까지 찢기고 두들겨 맞아 부드러운 맛을 낸다. 맛뿐인가. 콜레스테롤이 낮고 단백질이 풍부하다. 비린내와 기름기가 적어 담백하다. 속이 시원하여 우리의 식성에 안성맞춤이다. 맛 좋기로는 청어, 많이 먹기로는 명태였다.

추운 겨울, 몸을 따뜻하게 하고 속을 시원하게 하는 것은 동탯국이고, 술 마신 후 속풀이로는 북엇국이다. 버릴 것이 하나도 없다. 국으로 먹고 찌개로 먹는다. 어묵으로, 술안주로, 김치나 무깍두기에도 넣어 먹는다. 머리는 육수로, 눈알은 구워 먹고, 껍질은 튀겨 먹는다. 입맛을 돋우는 것은 창난젓, 명란젓, 아가미젓갈이다. 피가 되고 살이 되고 약이 되고 안주가 된다.

어릴 적, 산골 마을에서는 싱싱한 생선을 먹기가 어려웠다. 소금에 절인 간고등어, 꽁꽁 언 동태, 말려 비틀어진 명태가 전부였다. 오일장에서 아버지는 동태를 사곤 했다. 어머니는 무와 고춧가루를 듬뿍 넣고 진하게 끓였다. 우리는 대가리도 꼬리도 남김없이 다 먹어치웠다. 매콤하고 시원한 동탯국은 힘이 나고, 생기를 돌게 하였다. 추운 겨울, 시골 동네 계모임에서도 뒤풀이는 언제나 따끈하고 얼큰한 동탯국으로 마무리를 한다. 얼어붙은 산골 사람들의 몸과 마음을 녹여주었고, 부족한 단백질도 보충해 주었다.

음식 외에 해독제와 약재로도 쓰인다. 새신랑의 발바닥을 때리는 기구로도 쓰인다. 제사나 고사, 혼례상에도 빠지지 않고 자리를 차지한다.

떼 지어 나타났던 명태가 십여 년 전부터 자취를 감추었다. 귀하고 귀한 금태, 귀하신 몸이 되었다. 1980년대에 연간 16만 톤이나 잡히던 것이 2008년 이후부터 1톤도 잡히지 않는다. 북에서 남으로 이동하지 않는 명태. 동해 바다에서 명태가 나타나지 않는 것은 환경변화로 수온이 증가하고 씨를 말릴 정도로 다 잡아낸 우리의 탓이거늘.

좀처럼 보이지 않던 명태가 돌연 남북관계에 나타났다. 얼마 전 남북평화협력 기원 평양 공연에서 명태가 북한 관객들의 마음을 열었다. 명태는 굳어만 있었던 그들을 웃게 하였다. 가수 '강산에'가 고향이 함경도인 아버지를 생각해서 만든 「명태」를 불렀기 때문이었다.

명태의 맛을 알고 있는 같은 입맛을 가진 사람들. 긴 세월 불안하고 힘들었으리라. 하지만 희망을 잃지 않았다. 언젠가는 서로 만날 것이라 믿었다. 명태가 그 춥고 험난한 바닷속을 헤쳐 왔듯, 그 어떤 외세의 풍랑에도 함께 풀어가야 할 숙명이 있기 때문이었다.

동해 바다에서 기쁜 소식이 전해 오고 있다. 한동안 자취를 감추었던 우리의 명태가 고성 앞 바다에 출현했다는 소식이다. 이 땅에도 평화의 물결이 일어 명태가 북에서 남으로 남에서 북으로 힘차게 오고 가고, 우리도 자유롭게 남과 북으로 자유롭게 오가는 날이 빨리 실현되기를 기원해 본다.

—2018『화백문학』봄호

물이 되고 싶어라

비가 내린다. 가늘게 내리던 빗방울이 어느새 장대비로 쏟아진다. 수증기가 모여 빗물로 떨어진다. 우박이나 날카로운 얼음 조각이 아니고 방울방울로 떨어지는 것이 얼마나 다행인가. 오염된 공기도 씻어주고 더러워진 대지도 씻어준다. 메말라 가던 초목도 살리고, 지친 사람들도 쉬게 한다. 땅속으로 스며들어 각종 생물을 성장시킨다. 대지를 흠뻑 적신 물은 호수와 하천으로 넘쳐흐른다.

형태만 바뀔 뿐 물의 총량은 변함없다. 기체, 액체, 고체로 변하면서 이동하고 순환한다. 오늘 내가 마시는 물이 그 옛날 양귀비가 목욕했던 물일 수도 있고, 지금 내가 사용하는 물이 나의 후손들의 찻물이 될 수도 있다.

물은 머물지 않는다. 흐르면서 화합하고 수용한다. 고인 물은 썩기 마련이다. 오염되면 냄새를 풍기고 색이 변하지만, 스스로 회복하여 다른 물질까지 정화淨化시킨다.

외길로만 살아가고 있는 사람처럼 아래로만 흘러간다. 산골 마을에서 태어나 이곳저곳에서 생활하다 도시에서 살아가고 있는 사람처럼 물 또한 산에서 발원하여 여러 곳을 거쳐 바다에 이른다. 때로는 조용하게, 때로는 굉음을 울린다. 산천과 조수초목鳥獸草木을 깨우고 활력을 불어넣는다. 한적한 곳으로도 험난한 곳으로도 흐른다. 간혹 흐르지 못해 갇히고 오물 때문에 숨이 막힌다. 공장 폐수를 만나 검게 변했다가 다시 맑은 물로 회복한다. 온갖 역경과 수난을 겪으면서도 원래의 성품을 잃지 않는다. 아무리 힘들고 험난해도 초심을 잃지 않고 꿋꿋하게 살아가는 사람의 모습과 같다.

물은 유연하고 부드럽다. 사람의 성품도 물과 같으면 얼마나 좋을까. 물은 원래 무색, 무취, 무미하고 맑고 깨끗하였다. 형태와 기능도 변화무쌍하다. 종류도 다양하다. 질량수와 성질이 각기 다른 산소 6개와 수소 3개가 만나 18가지의 물이 생성된다. 무거운 물, 가벼운 물, 불에 타는 물, 센물, 단물 등이 있다. 사람도 원래는 순수하고 깨끗하였다. 능력도 무궁무진 재능도 다재다능하다. 하지만 노력과 시간에 따라서 다양한 모습과 행동을 보인다.

"우주 만물의 원리를 알게 되고, 하늘의 뜻을 깨우친다."고 하는 지천명(知天命)의 나이에도 나 자신을 다 알지 못하고, 늘 마시고 사용하는 물에 관해서도 다 알지 못하니 그저 신비할 따름이다.

아침 이슬은 참으로 맑고 깨끗하다. 이슬이 모여 강을 이루고 바다를 이룬다. 잔잔한 호수와 거대한 폭포를 이룬다. 국토의 동맥과 정맥으로 흐른다. 온갖 물질을 녹인다. 콘크리트와 바위마저 녹인다. 열을 받아도 쉽게 차가워지거나 쉽게 뜨거워지지 않는다. 하루에도 수십 번이나 변하는 사람의 마음도 물과 같으면 얼마나 좋을까.

기체의 물은 높은 곳에 위치하고 제 마음대로이다. 고체의 물은 굳어 있고 반응이 느리다. 액체의 물은 낮은 곳에 위치하면서 반응도 빠르고 용도 또한 다양하다. 마시고, 씻고, 공장에도 농사에도 사용된다. 생명이 물에서 최초로 탄생하여 물이 없으면 살아갈 수 없으니 물은 생명의 근원이자 생명 그 자체이다.

많은 물이 바다에 존재한다. 나머지는 얼음과 빙하, 대기와 지하에 존재한다. 호수와 하천 수는 전체 물 용량 중 0.65 %에 지나지 않는다. 실제 생활에서 사용할 수 있는 깨끗한 물은 전체 물 용량의 0.0001%밖에 지나지 않는다. 수많은 사람 중에 깨끗한 사람, 인재가 귀한 것과 같다.

예로부터 물이 맑고 산이 아름다워 '금수강산錦繡江山'이라 하였다. 어린 시절, 목이 마르면 얼음 조각이나 하얀 눈을 뭉쳐 먹었다. 시냇물에서 멱을 감고 물고기와 놀았다. 그런데 최근 수십 년 사이 강물은 줄었고 상처받아 고통스러운 모습이다.

물은 지구상의 어디에나 어떤 형태로도 존재한다. 사용 목적에 따라서 용수가 되기도 하고 잡수나 폐수가 되기도 한다. 깨끗한 물이 언제나 어디에나 무한정 솟아나는 것이 아니다. 유한한 자원이며 대체가 불가능한 자원이다. 인적자원이나 사람의 가치도 마찬가지이다.

계속되는 가뭄으로 애타게 기다리던 물이 때로는 폭우나 홍수로 변한다. 물이 없어 메말라 가던 하천이 갑자기 성난 황토물로 변해 재산과 인명을 앗아간다. 침수되고 범람하는 홍수의 피해에 인간은 얼마나 무기력한지. 아직도 완벽한 치산치수治山治水는 불가능한 것인지.

침수되고 떠내려가야 할 것은 사람과 살림살이가 아닌데. 잘못된 우리의 물 관리와 재해에 대한 무방비와 인간들의 못된 마음, 나쁜 행동들이 저 세찬 황토물에 싹 쓸려가기를.

세차게 내리던 빗방울이 점차 가늘어지고 있다.

바다가 육지라면

나의 직장은 바다 근처에 있다. 파도 소리에 뱃고동 소리에 늘 바다 위에 있는 기분이다. 바다를 바라보면 경이롭고 신비롭다. 부드럽다가도 사나우며, 잔잔하다가도 요동을 친다. 품어 주고 녹여 주며 쓸어 가고 삼켜 버린다. 가뭄으로 땅이 갈라지고 먼지가 날려도 바다는 출렁인다. 육지에서는 물이 줄어들고 말라도 바닷물의 양은 항상 그대로이다.

지구 표면의 70%는 바다로 물의 행성이다. 물이 존재하기에 생물들이 살고 있어 생물권이라 한다. 육지는 지치고 바쁜데 바다는 한없이 여유롭다. 쉼 없이 움직이면서도 지칠 줄 모른다. 바람이 몰아쳐도 오물이 유입해도 끄떡없다. 그저 출렁이면서 포용한다. 모든 것을 받아들인다고 하여 '바다'라고 칭한다. 대륙과 대륙을 연결하고, 육지와 섬, 섬과 섬을 이어준다. 바다를 통해 이동하고 교류한다.

나는 산골 마을에서 태어나 산에서 놀았다. 지금은 바다를 연구하고 바다에서 놀고 있다. 산처럼 바다처럼 되고 싶어 아호를 '산해'라고 지었다. 언젠가 목숨이 다하면 바다로 흘러가리라.

오래 전 "아~아~ 바다가 육지라면 ~ 가고파도 못 갑니다…."라는 노래가 유행한 적이 있었다. 바다 건너에 대한 그리움, 가고 싶어도 갈 수 없는 안타까움과 이별의 아픔을 노래 불렀다. 노랫말처럼 바다가 육지라면 땅은 넓어지고 이동은 쉬울 것이다. 하지만 이 지구상의 어떠한 생물도 살아갈 수 없을 것이다. 또한, 바닷물이 넘쳐흘러 어떻게 될지? 참으로 지구 생태계와 바다에 대한 무지요 무책임한 노래다. 물론 노래는 노래일 뿐이지만.

바다는 대기와 열과 가스 교환을 통해 기후 변화를 조절하고 있다. 모든 것을 수용하고 성육시킨다. 잘피, 미역, 다시마와 같은 식물뿐만 아니라 눈에 보이지 않는 미생물에서 집채만 한 크기의 고래까지 살아가게 한다. 바다는 싱싱한 생선도 신선한 해조류도 제공한다. 에너지와 광물 자원과 레저 공간도 제공한다.

바다는 어머니의 몸속 같고 체액과도 같다. 최초에 생명체가 바다에서 탄생되었고 생물들을 살아가게 하니 바다는 생명의 근원이자 생명 그 자체이다.

모든 물질은 순환한다. 순환의 종착지는 바다이다. 바다에 귀착된 물질은 다시 생물들에게 섭취된다. 작은 생물은 더 큰 생물에게 먹힌다. 모든 물질은 돌고 돌아 바다로 모인다. 바다는 한없이 혜택을 주는데 인간들은 어떻게 대하는지. 이용만 하고 괴롭히고 있지는 않는지.

—2018『한강문학』봄호

바다를 바라보며

나의 직장은 유달산 아래 바다와 인접하고 있다. 지척에서 파도 소리와 뱃고동 소리가 들린다. 바다는 역동적이며 변화무쌍하다. 한없이 넓고 깊다. 모든 것을 수용하고 포용한다. 수많은 생물을 성육시킨다. 때로는 너그럽고 때로는 사나운 모습이다.

2014년 4월 16일 맑은 날, 잔잔한 바다에서 세월호가 침몰하였다. 가까운 거리에서 많은 사람이 지켜보면서도 304명의 귀중한 생명이 수장되었다. 수학여행을 가던 고교생 250명이나 목숨을 잃었다.

이전에도 유사한 사고가 있었다. 1953년 창경호 사고로 300명이 사망하였고, 1970년 남영호 사고로 326명을 잃었다. 1993년에는 페리호의 침몰로 292명이 목숨을 잃었다. 바다가 잔인한가. 수백 명의 인명 사고를 반복해서 당하고도 예방도 못하고 구조도 못하는 사람들이 잔인한가.

바다는 에너지와 물질을 교환하면서 기후 변화와 생명 유지 기능을 담당한다. 육지와 섬을 잇고, 섬과 섬을 이어준다. 사람과 물건을 수송하고 교류하게 한다.

언제부터인가 바다 밑이 하얗게 변하고 있다. 동해와 제주도 바다 밑 60% 이상이 사막화되고 있다. 이러한 현상이 계속된다면, 바다낚시는 고사하고 자연산 미역이나 해삼, 전복을 언제까지 먹을 수 있을지.

인간들의 생활과 산업 활동으로 지구 온난화는 점점 빨라지고, 콘크리트에 함유된 석회석과 토양 개량제로 사용한 생석회가 바다로 유입된다. 수온 상승과 해류와 파도가 바다 밑의 해조류를 유실시킨다. 담수와 오염 물질이 산림 벌채와 기름 오염이 해조류를 괴롭힌다. 그뿐만 아니라 성게와 불가사리도 해조류를 먹어치운다.

이러한 이유로 바다 밑의 해조류가 없어지고, 유입된 탄산칼슘이 해저 암반의 표면에 하얗게 고체화되면서 점점 더 사막화되고 있는 것이다. 해저에 식물들이 살지 못하면 플랑크톤에서부터 조개류, 갑각류, 어류와 고래마저 살아가기 어렵다. 결국 바다의 이산화탄소 흡수 능력이 떨어져 지구 온난화가 촉진되고 지구 온난화는 다시 바다 사막화를 가속화시킨다. 원인과 결과의 악순환이 반복되는 것이다.

정부는 2012년 5월 10일을 '바다 식목일'로 지정하였다. 막대한 예산과 기술을 투입해서 해조류를 이식시키고 포자를 뿌려 바다 숲을 조성하고 있다. 해조류가 잘 부착되도록 바위 청소도 하고, 더럽혀지고 상처 난 바다를 치료하고 있다.

육상에서 숲이 무성하면 동식물들이 풍요롭게 살아갈 수 있듯이 바다 밑에서도 해조류와 해초들이 무성하면 다양한 바다 생물이 풍요롭게 살아갈 수 있다. 인공적으로 바다 숲을 조성하는 것이 '바다목장'사업인데 그 첫 단계가 해중림을 조성하는 것이다.

해중림을 이루는 해조류와 해초는 다른 생물들에게 산란장과 서식지를 제공한다. 숨기 좋고 살기 좋게 하는 음영 효과와 도피 효과도 우수하다. 물 흐름의 와류 효과를 통해 산소와 영양분을 공급한다. 자신의 몸을 먹잇감으로 제공하면서 다른 생물의 먹잇감도 모이게도 한다. 광합성을 통해 이산화탄소와 오염물질을 흡수하고 산소를 방출한다. 지구 온난화를 완화시켜 주면서 유익한 산소도 생성 한다.

서양에서는 해조류를 잡초로 여기지만, 우리나라에서는 귀한 식재료이다. 최근 해조류에서 추출한 원료로 수술용 테이프를 개발하였다. 인체조직에 잘 흡착될 뿐만 아니라 상처 자국이 남지 않아 성형수술이나 화장용 기구에도 사용하고 있다. 곰피라는 물미역은 관절염 치료와 항염증, 항산화 기능이 우수하다. 특히 간 기능 회복에 좋다고 하니 술안주나 숙취 해소용으로 곰피가 어떨지.

해조류는 몸 전체로 영양분을 흡수한다. 성장 속도가 무척 빠른데, 얼마나 바쁜지 꽃도 피우지 않고 종자도 만들지 않는다. 암수 세포의 결합도 않고 포자로 새로운 개체를 형성하면서 푸른 바다 숲을 이룬다.

잘피와 같은 현화 식물인 해초海草는 뿌리로 영양분을 흡수한다. 다른 식물에 비해 이산화탄소의 흡수 능력이 뛰어나다. 오염물질을 흡수해서 수질도 좋게 한다. 다른 생물들의 서식지와 산란장도 제공한다. 특히, 새끼 어류에게 최적의 공간을 제공한다.

이와 같이 해조류와 해초의 기능은 무궁무진하다. 그럼에도 불구하고 사람들은 바다를 오염시키고 매립이나 연안 공사로 해조류와 해초의 서식지를 훼손시킨다.

억울하게 익사한 영혼들의 응답인가. 우리들이 바다에 끼친 결과인가. 경쾌하고 우렁차게 들려오던 파도 소리가 힘이 없다. 늘 맑고 푸르던 바다가 창백한 모습이다. 물결 따라 살랑대던 푸른 해조류들이 보이지 않는다. 바다 위를 힘차게 뛰어놀던 물고기도 볼 수 없다. 대신 불가사리와 해파리와 적조 생물이 출현하고 있다.

세월호가 침몰한 지 어언 2년이 지나고 있다. 억울하게 익사한 수백 명의 생명들. 저 넓고 깊은 바다의 아픔을 어떻게 달랠 수 있단 말인가. 선박 사고도 바다 관리도 예방이 최선인 것을.

낚시 십계

어린 시절, 강에서 낚시를 했던 적이 있었다. 낚시 장비는 보잘것없었으나 가끔 여러 마리의 피라미를 낚아 올렸다. 많은 물고기를 잡은 날에는 저녁 반찬거리가 되기도 하였다.

대학 시절, 보길도로 MT를 갔었다. 민박집 주인의 배를 타고 바다낚시를 했는데 신기하게도 잘 잡혔다. 여러 사람이 함께해서 많은 고기를 건져올렸다. 회 뜨는 법도 그때 배웠다.

목포에 살면서 1톤짜리 배를 관리한 적이 있었다. 어느 정도 배의 운전이 익숙해지자 바다낚시의 유혹에 빠졌다. 바다낚시 전문가를 모시고 숭어잡이 낚시를 떠났다.

물때에 따라서 장소에 따라서 결과가 달라졌다. 어느 땐 낚싯대를 던지는 순간 잡혔다. 한 번에 두 마리의 숭어가 낚이고 큰 숭어가 잡힐 때의 짜릿한 손맛은 최고였다. 어느 땐 기다려도 또 기다려도 안 잡혀 애를 태우기도 하였다. 오랫동안 입질을 하지 않으면 다른 장소로 옮겨야 했다. 잡아 올린 물고기를 회 떠서 먹는 맛이며, 갑판 위에서 먹는 점심은 행복한 식사였다.

숭어 낚시를 중단하고 낚시 장비를 방치한 지 15년이 지난 올여름, 덕유산 자락에 자리한 함양에서 여름 휴가를 보냈다. 근처에 남강 상류가 흐르고 있어 강 낚시를 해보았다. 크고 작은 피라미들이 잡혔다. 신기하고 재미가 있어 아버지께도 아내에게도 권하였다.

내가 특히 좋아하는 것은 강 낚시다. 시간과 돈이 덜 들면서도 안전하고 쉽게 할 수 있기 때문이다. 만사를 제치고 강물에 낚시를 던지는 순간 편하고 행복해진다. 한가할 때도 하지만 힘들고 외로울 때도 낚시를 떠난다.

강물에 낚시를 던지면 자연의 일부가 된다. 아름다운 산과 들판, 맑은 공기와 유유히 흐르는 강물의 소중함을 느낀다. 댐 공사, 도로 공사, 이런저런 이유로 하천이 손상되고 강물이 줄고 있다. 흐르는 강물은 그대로 두면 좋겠다. 아들, 손자, 그 후손까지 이어지도록.

경험이 쌓이고 낚시를 하다 보면 언제, 어느 지점에서 어떤 물고기가 잡히는지 알 수 있다. 물살이 빠른 곳과 느린 곳, 수심이 깊은 곳과 얕은 곳, 장소에 따라서 잡히는 물고기의 종류와 크기도 달라진다. 맑은 날과 흐린 날, 비 내리는 날, 아침과 저녁, 낚시는 날씨와 물의 상태에 따라서 달라진다.

낚시도 부지런함과 준비성이 필요하다. 급하고 당황하면 잡은 물고기도 놓친다. 차분하지 않으면 낚싯줄이 엉키고, 낚싯바늘에 찔리고, 여기저기에 걸려 어려운 상황을 당하기에 십상이다. 낚시도 집중과 끈기가 필요하다. 운이 없는 날에는 빈 바구니로 귀가해야 한다.

낚시는 단순히 고기만을 잡는 행위가 아니다. 세상을 보고 세월을 낚는다. 조용하고 잔잔한 물에서는 아무런 일이 없다. 그저 평화롭기만 하다. 세찬 물살에서 잡힌다. 과욕을 부리다 낚이는 놈. 남의 것을 낚아채려다 잡히는 놈. 한번 잡혔다가 또 잡히는 놈. 별의별 놈이 다 있다.

과유불급이라! 낚시 역시 너무 빠진다든지 집착을 하면 시간을 허비하고 허리와 어깨가 아프고 팔이 쑤신다. 심하면 몸살이 난다. 그저 시간 나는 대로 바람이 부는 대로 바람 소리 물소리 들으면서 낚싯대를 던진다. 흐르는 강물에 몸과 마음을 맡기면 시간은 강물처럼 흐른다.

낚시를 통해 마음을 비우고 기다림을 배운다.

조의弔意

출생 소식은 드물고 부고 소식이 전해 온다. 56세로 먼저 생을 마친 나의 친구 병삼! 평소 적극적이고 다재다능했던 그는 지금 어디에 있을까? 친구들과 나는 그가 남긴 한줌의 재를 그가 정해 준 나무 아래에 묻으면서 눈물을 흘린 지 꼭 1년이 지났다. 지금도 수원에서 열심히 살고 있을 것 같은데! 아직도 그와 보낸 추억들은 생생한데! 이제는 연락할 수도 만날 수도 없다.

하루 앞도 알 수 없는 일, 단지 죽음만이 다가온다. 언제 죽을지, 어떻게 죽을지 알 수 없다. 사후 세계가 있는지 없는지도 알 수 없다. 천국과 지옥이 있는지 없는지? 다른 생물로 환생하는지도 알 수 없다.

편하게 살다가 죽는 사람, 고생만 하다가 죽는 사람, 병들어 죽는 사람, 아무런 이상이 없이 생활하다 갑자기 세상을 떠나는 사람, 화재와 교통사고와 같은 불의의 사고로 죽음을 당하기도 한다. 심지어 스스로 목숨을 끊는 사람도 있다. 우리나라의 자살률이 OECD 국가 중 가장 높으며, 최근에는 노인들의 자살률이 높아지고 있다.

조선 중기의 실학자였던 이광수는 "태어남은 죽음의 시작이요, 태어나면 반드시 죽게 되고, 성하면 쇠하고, 영화로우면 욕됨으로 끝나고, 얻으면 반드시 잃게 된다."고 하였다. 하지만 어느 시대든 사람들은 돈과 지위와 권력을 좇아 살아간다. 앞만 보고 살아간다.

죽음을 대하는 방법도 천차만별이다. 일본에서는 죽음이 인생의 끝을 정리한다고 ending note, 파키스탄에서는 죽음을 또 다른 여행으로 간주하고 있다. 우리는 "좋아 죽겠다, 싫어 죽겠다, 기분 죽이네, 맛 죽이네!" 하면서 좋아서도 죽고 싫어서도 죽는다. 심지어 심심해서도 죽겠다고 표현한다. 죽음을 가까이 하고 죽음을 초월하면서 살아가는 것일까.

죽음을 거두는 방법도 다양하다. 화장하는 사람. 매장하는 사람, 수장과 수목장으로 하는 사람. 기독교 식으로 불교 식으로 전통적으로 장례를 치른다. 어떤 집안에서는 그 방법을 두고 논란이 일기도 한다. 한줌의 재로 결국 흙으로 돌아가는 것을.

많은 사람들이 전세와 월세 아파트 생활로 전전하면서 땅 한 평도 차지하지 못하다가 죽어서 땅을 차지하기도 한다. 지금과 같이 계속 묘자리가 늘어난다면 우리의 국토가 어떻게 될지. 많이 가진 사람들, 높은 지위에 오른 사람들, 공직자와 유명 인사들이 앞 다투어 명당을 차지하고 호화롭게 묘를 조성한다. 심지어 이미 오래전에 자리 잡고 있는 묘까지 이장을 한다.

나는 5년 전, 어머님이 돌아가셨을 때 아버지를 설득하여 과수원 옆으로 흩어져 있는 조상의 묘를 한곳으로 모았다. 모두 봉분 없이 조그마한 묘비만 세워 만들었다. 이제 벌초나 성묘 때 이곳저곳으로 다닐 필요도 없고, 묘 관리도 쉽게 되었다.

사람들은 평소엔 조상을 잊고 살다가 자신의 사업이 잘못되었을 경우나 무슨 핑곗거리를 구하다가 이미 세상을 떠난 조상에게 그 탓을 돌린다. 묘자리를 잘못 정했다. 묘 관리를 잘못했다고. 한마디로 '잘되면 제 탓, 못되면 조상 탓'이다. 살아 있을 때 무관심하다가 죽고 난 뒤에 후회하고 통곡한다.

죽고 난 후, 묘지조성, 벌초, 성묘, 제사, 차례가 무슨 소용이 있단 말인가. 조상님의 얼굴을 본 적도 만난 적도 없지만, 살아생전에 먹지 않던 음식을 올리고, 술잔을 올리고 또 올리고, 절을 하고 또 절을 한다. 망자는 말이 없는데, 묘자리 때문에, 묘 관리 때문에 제사와 차례상 때문에 세상 사람들은 야단법석이다.

나무와 함께

지구 면적의 1/3이 숲이고, 생명체의 1/3이 숲에서 살고 있다. 숲은 공기를 맑게 하고 토사 유출, 낙석, 산사태도 막아준다. 동식물들의 서식지이자 먹이의 공급원이다. 숲이 주는 혜택을 돈으로 환산하면 상상을 초월한다.

오래전, 교무회의에서 오래된 건물 앞의 화단에 자라고 있는 큰 나무를 잘라야 한다는 제안이 있었다. 나는 반대하였다. 고민 끝에 나무의 윗부분만을 자르기로 했다. 그런데 얼마 지나지 않아 누군가가 아예 다 잘라 버렸다.

지난봄, 이삿짐센터 사람들이 아파트의 화단에 자라고 있는 큰 소나무의 가지를 잘라낸 후 또 다른 나뭇가지를 자르려고 하는 걸

보고 '왜 나뭇가지를 자르시느냐?'고 물었더니 이삿짐을 옮기는데 방해가 된다는 것이었다. 놀랍고 황당하여 관리사무소에 연락을 해서 중단시킨 적이 있었다.

또 어느 날엔, 아파트 화단에서 사람들이 싸우는 소리가 들려왔다. 밖을 내다보니 1층에 사는 사람이 자기 집의 시야가 방해된다고 아파트의 화단에 자라고 있는 나무들을 통째로 베어내던 중 주민에게 발견되어 실랑이가 붙어 싸움이 발생한 것이었다.

얼마 전, 내가 사는 도시에서 30년 된 메타세쿼이아 30그루의 윗부분을 1/3 가량 잘라내고 시를 상징하는 마크와 특산물, 꽃 등으로 조각을 하던 중 '살아 있는 나무에 조각을 한다.'는 사실이 신문에 실려 비난과 웃음거리가 된 적도 있었다.

집을 짓고 도로를 만들어 준공 허가를 받기 위해서는 일정 규모 이상의 녹지를 조성해야 하는 건축법이 있는 것으로 알고 있다. 하지만 허가가 끝나면 서둘러 화단이나 심었던 나무를 없앤다든지, 기후나 토양에 맞지 않는 나무를 심어 관리가 안 되는 것이 현실이다. 공사 허가만 받으면 주변 환경을 파헤치고 나무를 함부로 베어내는 것을 자주 보곤 한다.

생활 공간이 좁다, 관리가 어렵다, 생활에 방해가 된다, 장사에 방해가 된다, 전망과 일조권 때문에 더 좋은 품종으로 교체한다고 이런저런 이유로 자라고 있는 나무를 잘라 없앤다. 심지어 가로수에 현수막을 걸어 나무를 괴롭히기도 한다. 잘린 나무는 피를 흘리고 사람들의 시달림에 윙윙 소리 내어 운다.

편리성만 생각하고 한 가지 목적만을 추구하다 보면 다른 것을 무시한다든지, 공동 생활에서 자기 위주로 자기의 편리대로 행동하는 사람들이 있다. 자신만 생각하고 이기심에 꽉 찬 사람들, 자기 이익만을 위해 물불 가리지 않는 사람들이 본능대로 행동하는 동물과 무엇이 다를까. 이기심으로 꽉 찬 사람들, 돈벌이에 눈먼 사람들은 때로는 단순한 동물보다 더 무서울 수 있다.

진정한 휴식은 나무와 함께, 숲과 나무가 없으면 심신이 메말라 인사하고 미소 짓는 모습이 사라지고 있다. 엘리베이터 안에서 서로 얼굴 보기를 피한다. 낯선 사람을 만나면 경계하거나 두려움부터 생기는 것은 무슨 이유 때문일까.

웃음이 사라진 거리, 사람이 두려운 사회, 아마도 이것은 경쟁이 심한 사회생활이나 교육에도 문제가 있겠지만, 숲이 없는 콘크리트 위에서 생활하다 보니 미세먼지뿐만 아니라, 우리들의 마음도 메말라가고 있는 것은 아닌지.

최근 산림 치유에 대한 관심이 높아지면서 숲이 조성되고 있음은 참으로 다행스러운 일이다. 울창한 숲은 그저 조성되는 것이 아니다. 하나하나의 나무가 모여 숲을 이룬다. 자주 쓰는 휴지, 1회용 종이컵, 포장지 등 한 사람이 평생 150그루 정도의 나무를 소비한다고 한다. 150그루의 나무를 심고 가꾸지는 않을지언정 자라고 있는 나무는 괴롭히지 않으면 좋겠다.

교통수단

도시는 온통 자동차 세상이다. 온갖 종류의 차가 도로와 마을을 차지하고 있다. 먼지를 일으키고 매연도 뿜어낸다.

자동차는 빠르고 편리하나 항상 긴장해야 한다. 잠시라도 방심하면 탈이 난다. 과속, 주차 위반, 신호 위반으로 과태료와 범칙금을 내야 하고 차량 유지비도 나간다. 끼어들기와 경적에 놀라고 마음 상하기 일쑤이다. 장시간의 운전으로 피로가 쌓인다. 교통사고로 다치고 불구가 되고 죽임을 당하기도 한다. 마치 전쟁 같다.

나는 운전대를 잡으면 졸음이 몰려온다. 1시간의 거리를 한 번에 못 가고 중간에 쉬든지 한숨 자고 이동을 해야 한다. 이런 운전이 싫어 가능한 대중교통을 이용한다. 기다리기도 하고 생각도 하고

창밖에 스치는 경치도 구경한다.

대중교통을 이용하면 운전할 때는 보이지 않던 풍경을 볼 수 있어 좋다. 여행의 즐거움과 여유가 생긴다. 여러 사람을 만나서도 즐겁다. 급출발과 급정거, 과속, 신호 위반을 하는 운전자를 만나면 피곤하고 불안해진다. 승객이 무시당할 때, 짐짝같이 취급당할 때 대중교통이 싫어진다.

택시는 빠르고 편리하지만 때로는 주객이 바뀐다. 택시 기사의 눈치를 봐야 하기 때문이다. 추월하고 과속하고 신호 위반할 때면 불안하고 긴장된다. 가끔 승차 거부도 경험한다. 기차는 정확하고 안전하다. 든든하고 멋진 모습이다. 시간도 정확하고 출발, 정지하는 모습이 마치 신사 같다. 공간도 넓고 화장실도 있어 집같이 편안하다.

교통수단 중 자전거를 빼놓을 수 없다. 자전거는 돈 안 들이고 이동할 수 있다. 다만 다리의 힘과 안전이 요구된다. 건강해지고 기분도 좋아진다. 주변 환경과 마을의 이곳저곳을 볼 수 있어 좋다. 생각도 하고 정신도 맑아진다. 나이까지 젊어진다.

나는 가능한 대중교통과 자전거를 이용하려고 하나, 여러 요인이 승용차를 운전하도록 한다. 가까운 거리마저 자동차이다. 대중교통을 이용하면 여러 단계를 거쳐야 하고 시간이 더 오래 걸린다. 이러한 이유로 너도나도 차를 몰고 나오니 도로에는 차들로 뒤엉켜 치이고 혼잡해진다. 운전 경쟁과 교통 전쟁이 시작되는 것이다.

인구는 늘지 않는데 자동차 대수는 증가하여 공기는 점점 나빠지고 있다. 도로 위주의 자동차가 아닌 환경 친화적이고 안전한 교통수단을 이용하고 싶다. 기차, 지하철, 전기자동차, 모노레일, 노면열차 등. 꿈의 교통 수단으로 불리는 드론 택시, 총알보다 더 빠른 캡슐형 진공초고속 열차인 Hyperloop까지 머지않아 획기적인 교통수단의 등장되리라.

톨레랑스

단일 민족임을 강조한 우리는 한 가지 모양으로 살아왔다. 다양성이나 복합성에 익숙하지 않았다. 심지어는 동질성을 추구하다 보니 획일성까지 더해져 다양성과 이질적인 것은 혼란스럽다고 여긴다.

최근에 창의성과 독창성이 부각되고 다양성과 융합이 요구되고 있다. 생태학에서는 다양성이 높을수록 그 생태계는 안정되고 발전한다. 힘은 같은 곳에서 나오는 것이 아니라 다양한 곳에서 나온다.

그런데 우리 사회의 한쪽에서는 진보다 보수다, 좌파다 우파다 하며 충돌하고 있다. 성별과 나이, 이념과 사상, 인종과 지역, 개성과 사고의 차이로 충돌하고 있는 것이다.

오늘날, 국제사회에서 미국이 강력한 힘을 발휘하는 원인은 무엇일까. 200여 종의 다양한 인종들이 공존하고 있는 미국 사회를 용광로(Melting Pot) 또는 샐러드 그릇(Salad bow)이라 표현한다. 학자들은 이처럼 다양성을 수용하는 개방성이 미국의 힘이라고 지적한다. 문화적 융통성과 다원주의가 오늘날 미국이 서구 문명을 이끌어가는 원동력이 되고 있다는 것이다.

나는 어릴 때 가정과 학교에서 토론식보다는 주로 주입식 교육을 받았다. 군대에서는 상명하복 명령에 따라야 했었다. 일부 사람들은 경험하지도 않고 살아보지도 않고 이해하려는 노력도 없이 어떤 일부의 사실과 사건만으로 판단한다. 이면을 모르는 채, 행간의 뜻을 파악하지 못 한 채 선입견이나 전해들은 것으로 판단하는 때도 있다.

자기의 생각이나 판단이 옳고, 어떻게든 상대의 의견이나 주장을 포기시켜 내 편으로 만들려고 한다. 의견을 받아들이는 여유가 부족한 것인지? 토론하고 수용하고 설득하는 기술이나 훈련이 부족한 것인지? 타협하고 공존하는 방법을 아는지 모르는지?

예를 들면, 오래전 나의 시골 동네에서는 낯선 사람이 온다든지 지나가면 이유 없이 괴롭혔다. 시비를 걸고 해를 끼쳤다. 한마디로 텃세가 심했다. 지금도 섬마을이나 시골 곳곳에는 지역의 텃새가 남아 있다.

아직도 학벌을 따지고 출신 지역을 따진다. 성별과 외모를 따지고, 같은 지역 같은 동문이면 OK, 안 되는 일도 가능하게 한다.

출신, 종교, 사상, 철학에 있어 서로 인정하고 관용과 배려, 포용으로 공존해가고자 하는 프랑스인들, 나와 다른 남을 그대로 인정하는 '톨레랑스'가 등장한 역사적인 교훈과 의미를 생각하게 된다.

개발인가 보존인가

인간은 보다 편리하고 더욱 행복하게 살고자 하는 욕구가 있기에 끊임없이 발전한다. 그러나 이 때문에 문제가 발생하기도 한다. 개발과 보존의 조화 문제로 갈등을 겪기도 한다.

대규모의 갯벌 매립, 낙동강과 영산강의 하구둑 건립, 백두대간 훼손, 비자림의 삼나무 훼손, 시화호 건설, 새만금사업, 4대강 사업 등 크고 작은 공사와 개발 사업으로 국가적 사회적 논란이 있었고 지금도 계속되고 있다.

개발에 있어 환경론자는 경제 성장으로 인한 이익보다 환경오염으로 인한 손실이 더 크다고 주장한다. 경제적 타당성 외에 환경성을 고려하여 개발사업의 타당성을 분석해야 한다고 주장한다.

개발론자들은 환경 보존을 너무 강조하다 보면 경제 성장이 둔화되고 실업률이 증가하여 더 큰 사회문제가 발생되므로 환경이 어느 정도 손상되더라도 우선 경제 성장에 비중을 두어야 한다고 주장한다. 경제 논리에 따라 경제적 타당성을 내세운다.

개발이익에서 개발비용을 뺀 것을 순이익이라 하며, 순이익이 큰 사업을 경제적 타당성이 있다고 주장한다. 여기서 간과해서는 안 될 것이 있다. 흔히 경제성 검토라고 하면 금전적인 것만 고려된다는 사실이다. 우리의 자연환경을 구성하는 요소 중 금전화 되지 않는 부분이 있기 때문이다.

자연환경을 개발하지 않고 있는 그대로 보전했을 때의 이익인 환경보존 이익, 즉 환경 가치들이다. 이 환경 가치에는 사용가치와 선택가치, 존재가치가 있다.

사용가치란 환경을 이용함으로써 얻는 이익이고, 선택가치란 환경을 그대로 보전한 덕분에 미래에 선택할 수 있는 기회와 가치를 말한다. 존재가치란 현재와 미래에 사용 가능성 유무에 상관없이 단순히 존재한다는 것 자체의 가치이다.

이러한 환경 가치의 대부분은 시장을 통해 금전화 되지 않아 과소평가되는 경향이 있다. 개발할 때의 이익은 당장 눈에 보이는 시장성 이익으로 나타나난다. 반면에 환경을 보전할 때의 이익은 금전화 되지 않으면서 불특정 다수에게 분산되는 경향이 있으므로 과소평가될 뿐만 아니라 이를 수호하려는 힘 또한 약할 수밖에 없다.

개발과 보존 문제는 어느 한쪽을 택해야 할 경우가 있으나 항상 대립하는 것은 아니다. 나는 환경전문가이면서 한 사람의 경제인이기에 개발과 보존의 문제에 있어 어느 한쪽에 치우치지 않으려고 한다. 꼭 지켜야 할 것, 반드시 보존해야 할 것에 대해서는 나의 식견을 주장하기도 한다.

개발과 환경 문제에 있어서 나는 종종 행복이란 무엇인가. 잘산다는 의미는 무엇인가? 반드시 경제적인 수치가 높으면 행복할까? 편리한 것만이 행복한가?와 같은 의문에 대해 어느 정도는 인정을 하면서도 어느 부분은 의구심을 가진다.

세상은 점점 편리해지고 더 풍요로워질 것이다. 미래는 현재보다 더 발전하면서 환경문제도 발생될 것이다.

환경문제는 윤리적인 문제이자 생존과 삶의 질 문제이다. 우리가 개발을 택할 것인가 보존을 택할 것인가. 양자를 균형 있게 택할 것인가. 어느 쪽을 더 중히 택할 것인가는 우리의 인식과 지혜, 기술과 판단에 달려 있는 것이다.

건강하게 먹는 법

몇 해 전, 수술을 받고 건강을 회복한 이후부터 음식에 더욱 신경을 쓰고 있다. 그래서일까. 오늘도 점심을 뭘 먹지 고민을 한다. 간식을 먹지 않는 내게 밥은 약이요, 보약이기 때문이다. 외식 때에는 대개 육류 아니면 수산물이다.

대량으로 소비되는 육류와 어류를 집약식이나 속성으로 키운다. 소고기의 경우 육질을 높이고 빨리 키우기 위해 가축을 가두거나 움직이지 못하도록 쇠사슬로 묶어 사육한다. 이렇게 키우면 꽃등심의 부위가 많아지고 육질이 부드러워서 질 좋은 고기를 생산할 수 있다는 것이다. 설령 고기 맛은 좋을지 몰라도 고통과 스트레스로 키운 가축들의 고기가 우리 몸에 이로울까? 법정 스님은 "고기를 먹을 때 고기의 맛과 더불어 그 짐승의 업까지 함께 먹는다."고 하였다.

가축 사육을 위한 목초지는 넓은 땅이 필요하고 숲이 빠른 속도로 사라진다. 소의 배설물은 물을 오염시키고 메탄가스도 생성한다. 아름답게만 보이는 소와 양 떼의 목장이 사실은 지구 온난화를 촉진시키고 환경과 생태계에 부담을 주는 것이다.

원래 소는 풀을 먹는 동물이다. 풀만 먹으면 배설물의 양도 냄새도 덜하다. 그러나 대개 풀이 아닌 동물 사료로 키우기 때문에 배설물과 지방 함량이 높아지고 광우병도 발생한다. 광우병은 제쳐두고라도 지방질의 고기를 많이 먹으면 당뇨, 뇌졸중, 암의 발생률도 높아진다. 어떤 사람들은 육류를 너무 많이 먹어 살이 찌고, 어떤 사람들은 농사지을 땅이 부족하여 가난하게 살아간다.

인간의 장腸은 다른 생물에 비해 길다. 대사가 느리기 때문에 긴 구조를 가지고 있다. 때문에 인간에게 적합한 음식은 섬유질의 음식이다. 인간의 몸은 구조적으로 곡류와 채소를 먹도록 설계되었고 진화되어 왔음에도 불구하고 육류를 즐겨 먹는다.

음식의 내용 못지않게 식습관 또한 중요하다. 가능한 한 천천히 식사를 해야 하지만 나는 빨리 먹는 편이다. 음식이 입에 들어가면 혀가 맛을 음미하고, 치아는 음식을 잘게 부순다. 치아는 음식을 잘게 부수는 역할뿐만 아니라 치아의 운동 신경이 뇌를 활성화시킨다. 씹는 자극에 솟아난 침은 음식 소화에 도움을 줄뿐만 아니라 효소를 생성하여 노화와 해로운 활성산소에 대항하는 항산화제의 역할도 한다.

또한, 침에서는 면역 물질도 생성하고 음식의 맛을 바꾸는 기능도 한다. 맛이 변한다는 것은 음식과 침이 상호 작용한다는 증거이다. 씹어서 타액을 내는 것과 생식 능력과도 밀접한 관계가 있다.

잘 씹지 않으면 포만감을 느끼게 하는 뇌의 중추 신경이 자극을 받지 않기 때문에 자꾸 먹고 싶어진다. 이 때문에 씹지 않으면 비만으로 이어질 수도 있다. 음식을 잘 씹지 않고 넘기면 위에도 부담을 준다. 빨리 먹는 식습관은 사람들과의 교류도 어렵게 한다. 바쁘게 살아가는 현대인들에게 밥을 먹으며 정담을 나누는 여유 있는 식사 자리는 좋은 사교의 장이 아니던가.

또 하나의 건강법은 적게 먹는 것이다. 많이 먹으면 숙변을 만든다. 숙변이 쌓이면 유해한 물질이 몸속에서 생성하여 병의 원인이 될 수 있다. 식사 양의 60~70% 정도를 먹는 소식小食이 몸에 좋다는 것이다.

소식小食은 우주의 대법칙이요 다른 생명체와 공존하는 방법이기도 하다. 많이 먹을 자유는 있으나, 식욕을 절제하지 않고 늘 배를 채워서 포만감에 살아가는 것이 진정 행복할까. 적게 먹으면 몸과 마음이 평온해진다. 몸도 가뿐해지고 피로도 덜하다. 찐 살도 빠지고 활동력도 좋아진다.

다만, 소식小食이 좋다고 해서 아무것이나 먹어도 좋다는 것은 아니다. 적게 먹으면 적게 먹을수록 영양가 있는 음식을 먹고, 균형 잡힌 식사를 해야 할 것이다. 영양 섭취가 부족하면 뼈가 약해질 우려가 있기 때문이다.

이제부터라도 가능한 채식 위주로, 천천히, 적게 먹는 식습관으로 바꾸어 가련다. 건강을 위해 그리고 환경과 생태계를 위해서~.*

---

* 이 글은 『잘 먹고 잘 사는 법』 박정훈 책의 일부 내용을 참고하였습니다.

2부

도시

나의 행복

행복은 무엇이며 어디에 있을까. 언제, 어떠한 상태일 때 행복할까. 많은 돈과 원하던 것을 가졌을 때. 희망과 소원을 이루었을 때. 아니면 멋진 외모를 가진 사람이나 아름답고 잘생긴 사람과 사귈 때?

고대 그리스 시대에는 "주어진 의무를 다했을 때 행복하다."고 하였다. 철학자인 플라톤은 "돈, 외모, 명예, 건강, 의사소통"으로 정의하였으나, 모든 것은 넘치는 것보다 부족함에 중점을 두었고, 부족함에서 행복을 구하는 것이라 정의하였다.

행복은 시대와 개인에 따라서 달라진다. 나 자신도 행복을 추구하며 살아왔다. 앞만 보고 살아왔다. 평소 건강했던 내가 어느 날

갑자기 9시간에 걸쳐 생명의 위협을 느끼는 큰 수술을 받았다. 늘 건강하셨던 어머니가 갑자기 담낭암으로 세상을 떠나셨다. 같은 직업군의 공제회에 맡겼던 큰 돈도 사기를 당했다.

잃는 것이 있으면 얻는 것이 있는지, 갑작스럽게 동시에 닥쳐 온 불운과 불행 속에서 절망보다는 희망을 보았다. 불행이 지나고 행운이 다가왔다.

행복은 멀리 있는 것이 아니라 가까이에 있으며, 행복을 느끼고 결정짓는 것은 나 자신임을 알게 되었다. 부질없는 욕심이나 보이지 않는 행복을 구하기보다 현실에서 실현 가능한 것을 구하고, 비교하기보다는 만족하면서 살아가는 것.

한가할 때, 열심히 일을 하거나 운동할 때.

시원하게 샤워할 때, 따뜻한 욕조에 몸을 담그고 있을 때.

갈증이 나 시원한 맥주나 막걸리 한두 잔을 마실 때.

이발을 한 후나 손발톱을 깎고 난 후.

온 세상이 잠든 늦은 밤이나 새벽에 혼자 있을 때.

커피나 차, 음식을 먹을 때, 특히 좋아하는 사람들과 같이할 때.

음악을 들을 때, 글을 읽고 쓸 때, 글이 점점 더 변해갈 때.

낚시할 때, 고기가 잡히든 안 잡히든 유유히 흐르는 강에 서 있는 그 자체만으로도 행복하다.

남을 위해 일하거나 시민운동과 환경보호 활동을 할 때.

자식과 학생을 지도하고 가르칠 때. 상대가 받아들이고 노력하고 변해 가는 모습을 지켜 볼 때.

아름다운 산야를 바라 볼 때, 솟아나는 새싹과 풀 냄새를 맡을 때.

봄바람이 스쳐갈 때. 주룩 주룩 비가 내리고, 펑펑 눈이 내릴 때.

나뭇잎의 색이 변하고 낙엽이 떨어지고 나뭇잎이 수북이 쌓인 길을 걸을 때.

출퇴근할 때, 자전거의 두 바퀴가 굴러 시간이 과거로 흐르고, 따르릉 따르릉 자전거의 벨소리를 듣는 순간에도 행복을 느낀다.

30년 전 그리고 오늘

30년 전, 거리와 광장은 민주화의 함성이 울려 퍼지고 최루탄 가스로 자욱하였다. 경찰과 시민들이 대치하여 쇠파이프가 휘둘러지고 화염병과 돌멩이가 던져졌다. 경찰과 시민 간에 쫓고 쫓기고, 시민들이 닭장차와 감옥에 갇혔다. 거리와 광장에는 점점 사람들이 모여들었다. 시내버스와 택시까지 경적을 울려댔다. 성난 시민들이 폭풍처럼 일어나자 6.29가 공표되었다.

세상이 바뀌는 것 같았다. 앞으로 더 나은 세상에서 살아갈 수 있겠지, 자유와 인권이 보장되겠지, 상식과 원칙이 지켜지겠지, 더 이상 애꿎은 희생자가 나오지 않겠지 기대했었다.

30년이 지난 오늘, 박근혜는 물러나라~, 박근혜는 퇴진하라~, 박근혜를 구속하라~, 함성이 울려 퍼진다. 구름같이 모인 군중들, 거리와 광장에서 촛불이 타오르고 있다. 세월호 사고, 백남기 농민의 죽음, 갑작스러운 개성공단 폐쇄와 한진중공업 사태, 정치, 경찰, 언론의 불신 때문일까.

매스컴에서는 대통령의 실정과 자격도 없는 한 여성의 국정 개입에 대한 증거물이 방송되었다. 대통령의 해명과 정부의 조치가 미흡하다고 주장하는 시민들이 주말마다 촛불을 들고 집회를 열고 거리행진을 하고 있다.

충격, 분노, 실망, 자책을 해서일까. 다행히 경찰과 시민 간 폭력적인 행동은 보이지 않는다. 거리와 광장은 점점 사람들로 모여든다. 촛불과 깃발이 출렁이고, 구호와 함성이 하늘을 찌른다. 세월이 지났지만, 지금 또다시 시민들이 모여 구호를 외치고 있는 것이다.

이러한 현상이 어디 인간 세상뿐이겠는가. 평소 고요하던 바다에서도 간혹 붉은색으로 변한다. 햇볕이 강하게 내리쬐는 여름, 늘 푸르던 바다에서도 촛불이 타오르듯 붉은색으로 변한다. 평소 눈에 띄지 않던 미생물들이 구름처럼 번성한다. 갑작스럽게 불어난 미생물이 독성을 뿜어낸다. 끈적끈적한 미생물들로 인해 바다 생물들의 숨통이 막힌다. 바다의 동식물이 죽고 사람마저 목숨을 잃는다.

죽은 생물들이 부패하고, 분해되는 과정에서 수중의 산소가 낮아진다. 숨이 막히고 피를 토해 내는 걸까. 바닥마저 썩고 악취를 풍기고 가스가 발생되면 더 이상 살 수 없다. 그 많던 생물이 사라진다. 고기들이 하얀 배를 뒤집고 떼죽음을 당하니 어민들의 가슴도 타들어간다.

세월호가 침몰한 지 3년이 지나고 있다. 사고의 원인도 해결책도 제시하지 못하고 있다. 바다도 사람도 답답하고 불안하다. 적조가 발생될 때마다 피해를 당하고, 선박 사고가 날 때마다 사람이 죽고 통곡해야 하는가. 이 넓은 세상과 저 깊은 바다에서 타오르는 불꽃을 지켜보는 마음이 찢어지고 아파온다.

돋보기안경

거울에 비친 나의 모습을 보면 쓸쓸해진다. "많이도 변했구나…." 힘든 세상 견뎌 왔구나. 모든 것은 변해 가는 것. 변하지 않는 것이 어디 있을까. 그동안 쉼 없이 움직여 온 나의 몸도 닳고 소모되었다.

키도 줄었고, 피부의 탄력도 줄었다. 머리카락도 빠지고 색깔마저 변했다. 가장 뚜렷한 것은 역시 돋보기안경을 쓴 모습이다. 눈꺼풀도 처지고 눈에 힘도 잃어 가고 있다. 호랑이 눈 같았던 두 눈은 흐리멍덩해졌다.

눈은 마음의 창이며, 세상을 투시하는 창이니 깨끗하지 않고서야 어찌 밝게 볼 수 있을까. 그동안 안경 낀 사람들이 부러웠다. 모범생 같아 보였고, 학식과 인품이 있어 보였다. 특히 검은 안경테를

낀 사람이 부러웠다.

최근에 가까운 물체를 볼 수 없어 돋보기안경에 의지한다. 아직도 익숙하지 않다. 안경을 끼고도 찾느라 허둥대고, 가까이 있는 안경을 두고 두리번거린다. 돋보기안경을 끼면 가까운 물체는 잘 보이나 먼 물체는 희미해 보인다. 이제 멀리 있는 것보다 가까운 것에 집중하라는 걸까. 눈이 멍하니 마음과 행동을 비우고 살아가라는 의미일까.

온종일 책을 보아도 총총했던 눈이 이제는 한 시간만 지나면 침침해진다. 눈병이 난 사람처럼, 늙은 소처럼 어느새 눈물이 고인다. 이제 몸도 쉬어가고 눈도 쉬어가면서 살아가라는 신호인가 보다.

돋보기안경 덕분에 잘 볼 수 있어 좋다. 하지만 그냥 넘어가도 괜찮을 것까지 보인다. 주름살 코털 등 어디 신체뿐이겠는가. 지난 시절의 헛된 꿈이 단지 허상임을 알게 되듯, 안경 낀 모습이 결코 멋있고 학식이나 인품과는 상관없음을 알았다. 그동안 안경 없이 살아온 세월 동안 멀리까지 많이 볼 수 있었던 것에 감사할 따름이다. 한편으로 무리하게 사용한 나의 두 눈에게 미안하기도 하다.

요사이 눈에 좋다는 음식을 먹고, 푸른 산을 바라보고, 자주 눈을 씻어준다. 하지만 나빠지는 시력은 어쩔 수 없다. 세월 따라 변해갈 수밖에. 이제 꽃이 피는 과정이나 열매가 익어가는 모습을 지켜보련다. 계절이 변하는 것을 자연에 맡기듯, 내 몸 변해가는 것은 세월에 맡기련다. 정신과 마음은 초심으로 남겨두고, 나쁜 인상, 초라한 모습은 보이지 않았으면 좋겠다.

오늘도 돋보기안경을 끼고 있다. 잠시라도 없으면 불안하고 긴장된다. 숫자를 분간 못해 계산도 못하고, 글씨마저 안 보여 답답해진다. 나의 두 눈이 되어버린 돋보기안경, 어찌 함부로 대할 수 있을까. 부서질까, 상처 날까 언제나 걱정이다. 조심스럽게 다루고 안전하게 보관하련다. 언제나 함께해야 할 삶의 동반자요 삶의 조력자이기 때문이다.

—2018『수필시대』여름호

황홀함

아침에 일어나니 세상이 온통 눈으로 덮여있다. 온 세상이 순백색이다. 더럽고 추한 모습은 볼 수 없다. 하룻밤 사이에 세상이 이렇게 변했으니 신비롭고 놀라울 따름이다. 나는 함박눈이 펑펑 내릴 때, 세상이 설국으로 바뀔 때 황홀함을 느낀다.

체질 때문일까, 성장 과정의 탓일까. 더위는 참지 못해도 추위는 즐기는 편이다. 스키장의 하얀 눈 위를 달릴 때의 짜릿한 기분. 야간 스키장의 풍경과 차가운 바람에 상쾌함을 느낀다.

골프나 테니스 경기에서도 짜릿함과 황홀감을 느낀다. 때로는 괴성을 지르고, 포효하고, 온몸을 떨기도 한다. 스포츠를 통해 카타르시스를 경험한다.

황홀함이란 무엇이며, 어디에서 오는 것일까?

어떤 사물이나 대상에 마음이나 시선이 혹하여 들뜬 상태. 어떤 대상에 대해서 눈이 부시고 어릿어릿할 정도로 찬란하거나 화려한 상태. 아무것도 없는 상태. 느낄 수도 없는 무엇을 본 듯한 설명할 수 없는 것으로 실체가 없는 형상에 대한 느낌을 황홀감이라 한다.

일전에 술에 취해 어떤 여인과 밤길을 걸으면서 황홀했다고 자랑하였다. 왜 황홀하였다고 표현했을까. 평소, 배우자 아닌 여자를 만나기를 원했을까. 어떤 황홀함을 기대하고 고대하다 뜻밖의 낯선 여인을 만났으니 황홀했을까. 눈 내리는 밤, 마냥 예쁘고 아름다울 것으로 여긴 여인과 눈길을 걸었으니 황홀하였다고 했으리라.

사실 모든 것이 좋았고 행복하였다. 동인들과 같이한 시간들, 봉선동 시장에서 술을 마신 시간도 행복하였다. 눈이 펑펑 내리는 밤, 눈길이 좋았고 사람들이 좋았다. 폭설로 인해 오지도 않는 시내버스를 한참 기다리고 있는 나에게 길을 가던 여인이 다가와 시내버스의 운행이 안 된다고 알려주었다.

버스 타는 것을 포기하고 둘이서 제석산 고갯길을 걸었다. 가로등 불빛, 눈꽃송이, 제석산 구름다리 사이로 하얀 눈이 휘날리고 있었다. 바람이 차가워서 좋았다. 그녀는 비틀거리며 눈길에 넘어진 나를 도와주었다. 서로가 모자를 눌러쓰고 얼굴을 가려 이름도 얼굴도 모른 채 헤어졌지만, 대화하고 동행한 시간이 황홀하였다.

정체를 알 수 없었던 실체, 낯선 여인을 만나 좋았지만, 사람이 아닌 것을 통해 황홀하였다면 더 좋았을 것이다. 하늘과 땅, 나무와 숲, 가로등 불빛과 눈 꽃송이, 펑펑 내리는 눈, 하늘에 떠 있는 둥근 달을 보고 황홀하였다면 얼마나 좋았을까. 실망이다. 길 가던 여인을 만나 황홀하였고 했으니, 평소에 나는 다른 황홀함은 보지 못하고 느끼지도 못하며 살아가고 있구나!

시간은 쉼 없이 흘러가고 세상의 모든 것은 변하고 발전한다. 따스한 햇살이 내리쬐고 시원한 바람이 불어온다. 사람들도 스쳐간다. 세상에 그 어떤 것이 신비하고 황홀하지 않은 것이 있을까. 먹는 그 자체가 맛있고, 생긴 그대로가 아름답고, 입고 있는 그대로가 예쁘고, 살아가고 있는 순간순간이 황홀하고 행복한 것을 왜 나는 느끼지 못하며 살아가고 있을까.

핸드폰 없인 못 살아

언제부터 이토록 자주 사용했던가. 눈만 뜨면 핸드폰, 사람 앞에서도 핸드폰, 밥상 앞에서도 핸드폰, 보고 싶고 생각날 때도 핸드폰이다. 핸드폰 소리에 잠을 깨서 하루 일을 마치고 핸드폰을 본 후 알람에게 모닝콜을 맡긴 채 잠을 청한다.

그뿐인가. 심심해도 핸드폰, 길을 몰라도, 단어나 문구를 몰라도 핸드폰이다. 일정관리와 날씨, 은행, 쇼핑, 예약, 사진, 녹음, 동영상과 음악, 게임, 편지, 업무처리 등 만사에 핸드폰이다.

직장과 가정에서도 기차와 버스 안에서도 심지어 화장실 안에서도 핸드폰을 보고 있으니 가히 핸드폰 세상이다. 거미가 거미줄에서 살아가듯 우리는 늘 핸드폰의 통신망에서 살아가고 있는 것이다.

핸드폰이 정보요 계약이며 돈이다. 이토록 신속하고 편리하게 일처리를 한 적이 있었던가. 이렇게 핸드폰을 자주 이용하니 우리의 핸드폰 기술이 발전하고 세계 시장을 누비는구나!

때로는 핸드폰으로 인해 피해를 받거나 봉변을 당하기도 한다. 중요한 회의장에서, 공연장에서 전화벨 소리가 울려 퍼진다. 불순한 의도로 찍은 사진이나 동영상으로 곤욕을 치른다.

나는 수업 중에 학생이 핸드폰을 보거나 만지작거리면 기분이 상하거나 언짢았다. 수업에 집중하지 않거나 반복해서 핸드폰을 보면 주의를 주거나 질책하였다. 그래도 개선되지 않으면 수업 태도 감점, 핸드폰을 빼앗아 잠시 보관했다가 돌려주곤 하였다.

그랬던 내가 지금은 아예 수업 시작부터 핸드폰 사용을 허용한다. 수업 내용을 녹음하거나 찍도록 한다. 핸드폰을 이용해서 계산도 하고 기록도 하고 검색도 하도록 한다.

오래전, 동생에게 왜 빨리 전화를 안 받느냐? 왜 연락이 안 되느냐고 충고한 적이 있었다. 즉시 전화를 받는 것이 상대방에게 대한 예의라고 강조하였다. 사회생활을 잘하려면 신속한 연락이 중요하다고 충고하였다.

그러던 내가 가끔 핸드폰을 소지하지 않는다. 일부러 핸드폰을 두고 외출한다. 마음을 비우자, 여유를 갖자고 다짐한 이후, 잠시 핸드폰으로부터 벗어나고자 한다. 핸드폰 대신에 좋은 사람, 좋은 책을 가까이 하려고 한다.

그러나 일상으로 돌아오면 또 다시 핸드폰을 잡는다. 습관적으로 핸드폰을 켠다. 핸드폰이 없으면 불안해진다. 핸드폰 없는 생활이 가능할까. 핸드폰 없이는 못 사는 세상이 되어가고 있다.

말도 많은 말

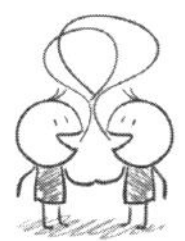

사람은 말을 잘할 때 멋지게 보인다. 말까지 잘하는 신사, 말마저 예쁘게 하는 여인은 더욱 아름다워 보인다. 언어는 교제 수단일 뿐만 아니라 삶의 지혜이다. 항상 말을 조심함으로써 근심 걱정에 빠지지 않고 난처한 상황을 겪지 않기 때문이다.

대화의 기본은 상대방의 기분과 주장, 상황에 맞게 표현하는 것. 음색과 억양, 말의 내용도 중요하지만, 대화의 기술은 능숙한 말솜씨보다는 상대를 배려하는 태도이다.

이로운 말, 기쁨을 주는 말, 생각 없이 내뱉은 말, 자극적인 말, 폭력적인 말, 천박한 말, 아부하는 말, 모함하는 말, 시기하는 말, 의심하는 말, 입에 발린 말, 불쾌한 말, 쓸데없는 말, 말도 안 되는 말이 있다.

무심히 던진 말이 비수가 되기도 하고, 안 해도 될 말을 괜히 해서 후회가 되기도 한다. 반면에 말 한마디가 심금을 울리고 감동을 주기도 한다. 영원히 빛나는 명언이나 격언으로도 남는다.

좋은 말씨와 함께 말하는 태도도 중요하다. 좋은 말을 하는 사람은 스스로 마음이 밝아지고 대인 관계도 좋게 된다. 좋은 말은 기분을 좋게 하고 힘이 생기게 한다. 반면에 나쁜 말은 칼이 되고 독이 된다. 좋은 말은 상대를 자기 사람으로 만들 수도 있지만, 불쾌한 말은 적으로 만들기 때문이다. 화살은 육체를 찌르지만 나쁜 말은 영혼을 찌른다. 입이 화근이며 혀가 칼이 될 수 있다.

나는 사람들과 어울리기를 좋아하고 대화하기를 좋아한다. 사람을 만나 침묵의 시간이 너무 길어질 경우나 분위기가 어색할 때 말을 하게 된다. 하지만 한창 말을 하다가 또 많은 말을 하고 난 후 한 번쯤 내가 무슨 말을 하고 있나, 어떻게 행동하고 있나, 생각해본다. 왜냐하면 말을 많이 하다 보면 본의 아니게 말실수를 하게 되고, 은연중에 나의 단점이 나타날 수 있기 때문이다.

"스스로 하려는 말이 옳은지 확신할 수 없거든 입을 닫고 있어라."라고 했다. 입을 다물고 먼저 생각하고 사리를 통찰하라는 것이다. "말이 없는 것이 자연스럽다希言自言, 말이 많으면 자주 궁해진다多言數窮."고 했다. 생각이 분명치 않고 방법이 정당하지 못할 경우 재잘대거나 말로써 허점을 메우려고 자꾸만 말을 하게 된다. 그래서 끊임없이 분주한 사람이 되기도 한다. "빈 수레가 더 요란스럽다."

그래서 나는 가능한 한 말을 적게 하려고 노력한다. 경청하면서 가능한 한 말하는 사람의 입장이 되어 주고자 한다. 침묵하다가도 상대가 옳지 못하면, 또는 부당할 경우에 말을 하게 된다. 역시 고기는 씹어야 맛이 있고 해야 할 말은 속시원하게 해야 후련해진다.

좋은 사람, 좋은 친구를 만나면 말이 많아진다. 한번 말문이 트이면 강물처럼 넘쳐난다. 오늘도 아니 지금도 너무 말을 많이 했나? 말실수는 없었나? 잠시 침묵하면서 나 자신을 돌이켜 본다.

나의 애주법

나는 운동이나 일을 한 후, 맥주나 막걸리 한두 잔은 꿀맛같이 마신다. 과음을 해서 잠을 설치고 괴로워했던 적도 있었다. 주량이라는 것이 장소와 분위기와 몸 상태에 따라 달라진다. 주량과 체질을 무시하고 분위기 따라 마신 술로 구토를 하고, 기절해서 블랙아웃이 된 적도 있었다. 속 쓰림과 두통으로 다시는 과음을 하지 않으리라 다짐도 한다. 그러나 이틀 후면 예사禮辭, 고사固辭, 종사終辭는 제쳐 두고, 권하는 대로 마신다. 조금만 마셔도 얼굴이 빨개지는 체질로 술이 몸에 해롭다는 것을 알면서도.

오랜 경험을 통해 나름대로 터득한 나만의 음주 대처법이 있다. 평소 규칙적이고 절제된 생활로 운동이나 연이은 폭음을 피하면서 체력과 위를 튼튼하게 유지한다. 집에서도 가끔 술을 마시면서 실전에 대비한다. 꼭 술을 마셔야 할 때에는 미리 음식을 먹어 위에 신호를 보내고 보호막을 만들어 둔다. 술자리에서는 도수가 약한 술부터 마시면서 가능한 한 원 샷을 하지 않고 조금씩 천천히 음미하면서 마신다.

술을 마신 뒤에는 칡차, 구기자차, 인삼차, 유자차, 생강차, 식혜를 마시고자 하나 없으면 녹차나 끓인 물, 꿀물, 주스, 이온 음료를 마신다. 몸에서 빠져나간 수분과 당분, 전해질을 보충해 주기 위해서이다. 해장국으로는 뜨겁고 얼큰한 것보다 담백한 콩나물국이나 북엇국을 먹는다.

술자리는 사교의 자리이다. 술 앞에서 체신을 지키지도 못하고, 술을 이겨내지도 못하고, 마음을 나눌 줄도 모르면서 근심이나 문제를 해결하려는 사람이 있다. 듣거나 말고나 자기 말만 하는 사람. 말이 너무 많아도 곤란하고, 말없이 술만 마시는 것 또한 불안하고 답답하다. 술에 대한 나의 자세는 '즐겁게 마신다.'이다. 그래서 술을 마시면 즐겁다. 불쾌하고 무슨 꿍꿍이가 있을 때에는 아예 술자리를 피한다.

조선 시대의 생육신의 한 사람으로 술과 시로써 마음을 달래고, 울분을 삭혔던 남효온은 "술을 적당히 마시면 좋은 분위기를 이룰 수 있고, 어른을 봉양할 수 있고, 빛이 날 수 있으니 세상에 나아가도 거슬리지 않는다."라고 하였다.

술을 어떻게 따르고, 어떻게 마시는가에 따라서 분위기가 달라진다. 예전에는 마음이 통하는 사람들끼리 술잔을 주고받았다. 최근에는 잔을 돌리지 않고 술을 주고받는다. 혼자 마시는 혼술, 자신이 마시고 싶은 만큼 스스로 따라 마시는 자작 술, 잔을 마주치며 건배를 외치면서 마시는 대작 술이 있으나, 권하는 것은 잔이 아니라 술이요 마음이다.

술도 지나치면 이성을 잃고 자제력을 잃는다. 따라서 지나치게 술잔을 돌리지 않는 것이 술자리 예의라고 생각된다. 나의 체력과 체질은 1차로 끝나고, 순한 맥주나 막걸리이다. 그러나 현실은 독한 술부터 시작되고, 원 샷 원 샷 하면서 급하게 마신다. 폭탄주부터 시작되고, 소주잔이 오가고, 이술 저술 섞어 마시는 술자리는 두렵기만 하다.

사람이 좋고, 술이 좋아 나는 적당하게 마시고 적절한 순간에 빠져나오지를 못한다. 상대가 거부하고 싫어하지 않는 한, 나는 나만의 애주법을 지키고자 한다.

술에 임하는 높은 경지는 즐거움도 섭섭함도, 영예도 실수도 한 잔의 술로 흘려보내는 것이라고 하니, 술자리에서는 언제나 즐겁게 술잔을 대하고자 한다.

술 생각에 술이 당기고 사람들이 그리워진다. 언제 어떤 곳에서 어떤 술과 무슨 안주가 올라올지 기다려진다.

나의 취미와 특기

누가 나에게 특기가 무엇이냐, 취미가 무엇이냐고 물어오면 고개가 갸우뚱해진다. 그렇다고 특기나 취미가 없는 것은 아니다. 운동과 독서, 글쓰기와 산책, 때로는 음주가무도 즐긴다.

소년 시절에는 축구나 탁구를 즐겨 하였고, 간혹 마라톤에 참가하기도 했고, 계주에 선수로 뽑히기도 하였다. 방학 때면 친한 친구들과 등산도 즐겼고, 지금은 자전거를 타고 출퇴근하고 있으니 매일 사이클링을 즐긴다고나 할까. 직장과 동네에서 테니스를 하고, 간혹 골프도 즐기고 있으니 이중 특기가 있을 법도 하다.

최근에는 멋지고 아름다운 분께서 좋은 음악, 명곡 중에 명곡을 전해주시는 분이 있어 음악 감상도 즐긴다. 체질상 술이 약해 술자리를 꺼렸는데 이제는 술자리도 곧잘 어울린다. 그런가 하면 사소하고 심각하지도 않은 일에 고심하고 집착하며 몰입을 하니 달리 표현하면 명상을 즐긴다고나 할까.

잠이 오지 않는 밤이나 일찍 잠이 깬 새벽, 할 일 없어 무료할 때 책을 읽는다. 사유가 깊은 철학책이나 긴 소설책은 아니지만, 역사, 시사, 경제, 철학, 사상집이나 시집, 수필집을 펴든다.

오래전, 직장의 문학동인회가 결성된 후 글도 쓰려고 노력한다. 여유가 있을 때 서예교실에서 붓글씨도 배우고, 더 한가하고 무료할 때에는 낚시 삼매에 든다. 시골 계곡의 맑은 공기, 하늘과 땅 사이에 굽이굽이 흐르는 강에서 낚시하는 즐거움은 그 무엇과 비교할 수 없으며 표현할 수 없는 행복을 느낀다.

운동이나 글, 낚시 등의 취미 생활은 천천히, 부드럽게 꾸준히 하는 것이 중요하다는 것을 새삼 느낀다. 예전에는 경쟁을 하거나 비교를 했지만 지금은 만족과 행복은 나 자신의 마음에 달렸다는 것을 알게 되었다.

현재, 즐기고 있는 취미 생활이 애초부터 타고나지도 않았고, 전문적으로 힘써 배우지도 않아 자랑할 만한 수준은 못 된다. 또, 남들이 알아주는 수준까지 이르지도 못하였기에 자신 있게 특기나 취미라고 할 수 없다. 그러나 사정에 따라서, 시간이 허락되는 대로 즐겨하고 있으니 이 모두가 나의 취미이고 특기가 아닌가. 그래서 좋은 의미로 말하면 취미가 너무 많아서 특기로 발전하지 못했다고나 할까.

누구나 애초부터 취미나 특기를 지니고 태어나기보다는, 자기가 좋아하는 일에 관심을 갖고 즐기다 보면 자신의 취미나 특기로 발전되지 않을까 싶다. 지금은 선뜻 나의 취미나 특기를 내세우지 못하지만, 세월이 지나고 경륜이 쌓이면 언젠가 자신 있게 취미와 특기를 말할 수 있으리라. 그때까지 취미는 취미대로 살리고, 서그럽게 일상의 업무에 충실하면서 건강하고 즐겁게 생활하고자 한다.

쇼핑

주변 환경과 물건들은 나날이 새로워지고 발전한다. TV와 라디오에서는 쉴 새 없이 솔깃한 광고가 들려오고, 계속해서 신제품이 솟아져 나온다.

나는 기회가 있을 때마다 학생들에게 덜 버리고, 재사용하고 재순환하는(3R: reduce, reuse, recycling) 생활 방식을 강조하고, 나 스스로도 실천하려고 노력하고 있다. 그런데 요즘 물건들은 좀처럼 닳지 않고 고장도 나지 않는다. 물론 쓰다 보면, 낡고 헐어서 구차해지기도 하고 너무 아껴 쓰다 보면 유행이 지나 오래된 나의 바지는 축 늘어진 모습일 때가 있다.

쇼핑의 모습도 달라지고 있다. 아이들이 어릴 때는 부모와 같이 쇼핑을 했지만 성장해서는 각자 쇼핑을 한다. 부모는 돈만 주면 된다. 둘째 아이가 초등학생 때, 신발을 사러 같이 간 적이 있었다. 우리 부부는 무난한 색상의 신발을 권했으나 아이는 극구 자신의 주장을 굽히지 않았고, 결국 아이가 원하는 강한 색상의 노란 신발을 샀다.

시간이 지나자 아이의 선택이 옳았다는 것을 우리는 알 수 있었다. 아이들이 빨강, 노랑, 하얀 색의 강한 원색의 신발을 신고 다녔고, 눈에 확 튀니 안전하고 보기도 좋았다. 변해가는 사회 추세와 유행, 아이들의 취향을 우리는 미처 몰랐던 것이었다.

우리 부부도 결혼 초기에는 다정하게 쇼핑을 했다. "이것이 좋다, 저것이 좋다. 어울린다, 안 어울린다." 조언을 하면, 대체로 서로의 의견을 수용하였다. 그러나 시간이 지나면서 근본적으로 서로의 취향이 다르다는 것을 알게 되었다. 심지어 쇼핑 가서 같은 물건을 두고 서로 의견이 달라 물건도 고르지 못하고 기분만 상해서 귀가하는 때도 있었다.

언제부터 각자 쇼핑을 하고 있었다. 최근에는 홈쇼핑도 유행하고 있다. 혼자 하는 쇼핑, 쉽게 하는 쇼핑이 경제적이고 편리할 수 있으나, 발품을 팔아 직접 보고, 입어보고, 느끼면서 의견을 나누는 즐거움은 사라진 것이다. 함께하는 쇼핑, 의논하면서 물건을 사면 돈의 가치도 더해지고 기쁨도 더 클 건데.

오늘, 나는 아내와 같이 쇼핑을 했다. 상대의 의견을 들어주고 마음을 헤아려 주려고 노력하였다. 쇼핑 후에는 평소 잘 하지 않던 외식도 하였다. 혼자일 때보다 둘이 고른 물건이니 후회도 덜하고 더욱 만족스럽다.

세월 따라 취향이 같아졌나? 나이 들어 마음이 너그러워졌나? 언제 또 쇼핑을 하지. 같이하는 쇼핑이 기다려진다.

테니스 치는 남자

흔히들 야구를 인생에 비유하지만, 테니스 또한 우리네 인생처럼 변화무쌍하다. 오늘도 나는 테니스 라켓을 들고 이리 뛰고 저리 뛰고 있다. 힘껏 서비스를 넣는다. 에이스! 이다. 스토로크, 발리도 구사하고, 높이 뜬 볼을 스매시한다. 때론 어려운 패싱샷, 앵글샷, 로브, 스윙발리도 성공시킨다. 하지만 내 몸 앞으로 오는 쉬운 볼도 실책한다. 어제는 그렇게 잘되던 경기가 오늘은 왠지 안 풀린다.

젖 먹었던 힘까지 내어 보지만, 네트에 공을 처박고, 힘껏 친 볼이 아웃이다. 방심하다가 실수를 범한다. 나의 기술, 몸 상태, 마음가짐에 따라 경기가 달라진다. 강하게 친다고 약하게 친다고 좋은 것도 아니다. 혼자 잘한다고 이길 수 있는 것도 아니다. 파트너와의 협력과 조화, 상대 팀의 실력에 따라서 경기의 양상이 달라진다. 인생사가 복잡다양하고 뜻대로 안 되듯. 테니스코트에서는 4명의 역학 관계에 따라서 달라진다.

정신통일, 잡념을 버리고 집중하고 자세를 낮춘다. 지피지기라! 상대의 약점과 강점, 나의 상태를 체크한다. 공간을 넓게 보고 부지런하게 움직인다. 목표를 정하고 라인을 맞추고 좌, 우, 중앙으로 찌른다. 강약을 조절하고, 짧게도 길게도 공을 보낸다. 점점 긴장되고 열기가 오른다.

승패의 예측이 불가능하니 더욱 흥미진진해진다. 힘들고 어렵지만 다시 시도해본다. 동글동글 새옹지마. 역시 역전과 반전을 거듭한 승리가 짜릿하다. 모두가 불가능할 것이라고 여겼던 볼, 끝났다고 여겼던 볼을 포기하지 않고 힘껏 뛰어 멋지게 성공시켰을 때 짜릿한 기분과 카타르시스를 느낀다. 하지만 쉬운 볼, 간단히 끝낼 수 있는 볼을 실패하여 실의와 자책에 빠진다.

초보자 시절에는 책도 읽고, 동영상도 보고, 레슨도 받았다. 라켓도 여러 번 바꿔보았다. 이런저런 방법으로 시도해 보며, 남의 탓, 파트너 탓으로 여긴 적도 있었다.

테니스 라켓을 잡은 지 어언 28년. 시련과 아픔을 넘어 이제는 기술 못지않게 매너와 마음, 자세가 중요함을 느낀다. 손으로 공을 치지만 온몸으로 하는 것임을. 만사가 내 탓이요, 마음먹기 나름이다. 어디 테니스경기뿐이겠는가.

그럼에도 불구하고 매번 경기에서 이기고자 애를 쓴다. 아니, 최선을 다하고자 한다. 승리에 기뻐하기도 하고, 패하여 침울해지기도 하나, 곧 평상심을 갖는다. 져도 이겨도 괜찮다. 승패는 반복될 수 있는 것. 몸이 튼튼해지고 정신이 탄탄해지면 되는 것이다.

테니스공처럼 둥글둥글 살아가련다. 신사적인 스포츠, 침묵의 경기, 매너의 운동인 테니스를 할 수 있는 것이 행운이요 기쁨이다. 라켓 하나만 들고 나가면 사람들과 어울릴 수 있는 것, 또한 생활의 즐거움이다. 이 즐거움을 나 혼자 누리기가 아까워 가족에게도 동료에게도 권하여 함께한다. 좋은 옷, 좋은 차가 부럽지 않다. 그저 테니스를 칠 수 있다는 것에 기쁨과 자부심을 가진다.

오늘도 나는 흠뻑 땀을 흘린다. 힘껏 서비스를 넣고, 신나게 라켓을 휘두른다. 역시 나의 특기는 빠른 스피드요, 강한 포핸드 스토르크이다. Good! Nice!다. 가끔 서비스앤발리도 성공시키고, 스토르크앤스매시도 성공시킨다. 그래서 오늘 하루의 피로도, 묵은 스트레스도 확 날아간다.

운동 후 마시는 막걸리 한 잔, 가족과 함께한 후 먹는 식사는 꿀맛이다. 하지만, 그 어느 식사보다 맛있고, 그 어느 보약보다 좋을까. 테니스 그 자체가 보약이거늘.

골프 치는 남자

중세, 영국 스코틀랜드의 양치기 아이들이 심심하여 나뭇가지로 누가 먼저 돌멩이를 토끼 굴이나 쥐구멍에 넣는가를 시합했던 것이 유력한 골프의 기원설이다.

우리도 어렸을 때 자치기 놀이를 했었다. 긴 채로 새끼 막대의 어디를, 어떻게 내려치고 휘둘려야 할지 잘 알았다. 또, 구슬을 가지고 구멍에 넣거나, 상대의 구슬을 맞히는 놀이를 자주 했었다. 그 때문인지 우리 여자 골프 선수들이 세계 무대에서 연일 승전보를 전해준다.

얼마 전만 해도 골프는 돈 있고 여유 있는 사람들이 하였으나, 들과 산에 골프장이 생기고, 도심 가까이와 바닷가에도 골프장이 생겨 지금은 거의 대중화 되었다. 밤에도 환하게 불을 켜고, 실내에서도 큰 그물망 안에서도 골프채를 휘두른다. 경제 수준과 생활 수준이 나아짐에 따라 사람들이 골프를 즐기고 있는 것이다.

골프는 실력 차이가 있어도 함께할 수 있고, 날씨에도 별 상관없이 할 수 있다. 경기의 결과를 예측하기 어렵기에 흥미진진하다. 어렵고 뜻대로 안 되기에 "골프는 인생이다."라고도 한다.

긴 드라이브로 친 골프공이 시원스럽게 날아간다. Good Shot!이다. 스트레스도 확 날아간다. 반면에 가만히 있는 골프공조차 못 맞추어 헛스윙을 한다. 실망이다. 한숨이 절로 나온다. 설상가상, 멀리 보내겠다고 힘껏 친 볼이 바로 눈앞에 떨어진다. 기분이 상하고 멍해진다.

혹, 잘 친 볼도 숲으로 떨어지고, 해저드와 오비 지역으로 날아간다. 사람을 잘못 만난 탓인가? 운이 없는 날인가? 주인을 떠난 공, 길 잃은 공은 추위에 떨고, 외롭고 쓸쓸한 운명을 맞이할 것이다. 한편, 부드럽게 친 볼이 예상과 달리 멀리 날아간다. 옆에서 Good Shot!이라고 소리친다. '뭔 일이라?' 믿기지도 않는다.

그린 위에서는 멀리 있는 골프공이 언덕과 또 다른 언덕을 넘어 예상치 않게 홀컵으로 댕그랑 빠져든다. 앗 샤~! 다시 기분이 좋아진다. 반면에 홀 가까이에 있는 공조차 넣지를 못해 자책하고 실망한다.

수많은 시행착오, 오랜 경험을 통해 마음과 몸, 생각과 행동이

일치해야 한다는 것을 깨우치게 된다. 골프는 무조건 세게만 쳐야 잘되는 것이 아니요. 부드럽게, 리드미컬하게 쳐야 함을 알게 된다. 티 박스에서는 과욕과 잡념을 버리고, 겸손한 자세로, 힘을 모아 공에 집중해서 휘두른다. 그린 위에서는 힘을 빼고, 자세를 낮추어 홀에 조준해서 부드럽게 공을 밀어 넣는다. 이러한 것이 단지 한 홀에서만일까?

아내는 TV의 골프 방송에 몰두한다. 나는 실전을 중시한다. 이론 못지않게 체력과 기술을 바탕으로 실전이 중요함을 알기 때문이다.

바람에 나부끼는 갈대처럼, 쉽게 흔들리는 사람의 마음처럼, 변덕이 심한 골프! 그래서 나는 골프와 친하지 않다. 스스로 먼저 골프장을 찾아간 적이 없다. 누군가 옆에서 소개하고 적극 권하였기에 알게 되었고, 주변 사람들이 청하면 함께한다.

타고난 재능인지 어릴 때 시골에서 골프 기술을 익힌 탓인지 때로는 예상을 깨고 멋진 경기, 놀라운 점수를 기록한다. 혹, 위기가 닥쳐도 호기로 삼는다. 그저 건강을 위해, 만남을 위해 햇빛을 맞이하고, 공기를 마시며 즐거운 마음으로 잔디 위를 걷고 있다.

자전거 타는 남자

자전거를 처음 배운 것이 초등학교 5, 6학년 때였으리. 뒤에서 잡아주고, 넘어지고를 반복하였다. 두려움을 이겨내고 넘어지려는 순간을 지나 반듯하게 나아갈 때의 그 짜릿함은 지금도 생생하다.

시골의 중고등학교 시절, 버스는 도착 시간이 불확실하고, 한참을 기다린 차는 그냥 지나쳐 가기 일쑤였다. 겨우 탄 버스도 콩나물 같았다. 사람끼리 부딪히고 짓눌려 터질 것만 같았다. 그 때문에 당시 자전거는 귀중한 교통수단이었다. 매일 왕복 40리 길을 자전거로 통학을 했으니, 그 거리를 계산하면 지구 몇 바퀴를 돌았을 것이다.

그런데 같은 힘을 밟아도 잘 나가는 자전거와 잘 안 나가는 자전거가 있었고, 잘생긴 자전거와 못생긴 자전거가 있었다. 아버지는 한 번 사 주신 자전거는 고쳐 주고 또 고쳐주셨다. 학교 운동장에 세워 둔 수백 대의 자전거 중에 나의 자전거는 아마도 낡은 부류에 속했을 것이다.

진학한 대학의 캠퍼스는 평지였으나, 자전거를 타고 다니는 사람은 없었다. 학교 근처로 이사를 해서 나의 자전거 통학은 대학시절에도 계속되었다. 캠퍼스 내에서의 이동뿐만 아니라 등하교 시간은 즐거운 자전거 하이킹이었다. 가끔 여학생들이 자전거를 빌려 달라, 자전거 타는 법을 가르쳐달라고 하여 또 다른 즐거움도 누렸다.

일본에서도 자전거 통학은 계속되었다. 아이가 울 때 자전거를 태워주면 금방 울음을 그쳤다. 강둑길과 기찻길을 따라 자전거를 타고 오갔던 것이 힘들었던 유학 시절에 유일한 낙이었으며 휴식의 시간이었다.

귀국 후, 아파트의 주변에서 학교 운동장에서 공원에서 아이들과 자주 자전거를 타고 다녔다. 출퇴근 시에도 직장 내에서도 자전거를 이용한다. 버스는 기다려야 하고, 제 마음대로 급출발과 급정거를 한다. 자전거는 내 뜻대로, 이 골목 저 골목을 다닐 수 있고 마을의 곳곳을 볼 수 있으며 운동도 되니 일거양득이다.

최근에는 여러 종류의 자전거가 보인다. 산악용인 MTB, 스피드를 즐기는 로드바이크, 도심형인 시티바이크와 하이브리드 자전거, 작고 귀여운 Fixie와 미니벨로가 있다. 여기에 경기용과 묘기용인 BMX 등 다양한 자전거가 생산되고 있다.

나는 직장에서는 작고 귀여운 미니벨로를, 집 주변의 시내에서는 잘 나가는 하이브리드 자전거를 탄다. 집 주변에서 테니스장에 갈 때도 자전거를 타고 다닌다. 소망이 있다면, 방해물이 없고, 연결이 잘되고, 자전거 주차장과 자전거를 배려하는 차량 운전자들이 많아지면 좋겠다.

이 추운 겨울이 지나고 따뜻한 봄이 오면, 더 자주 자전거를 타고 다닐 것이다. 석유 한 방울 나지 않는 나라, 대기오염이 날로 심해져 가는 오늘날, 심신마저 쇠약해져 가는 각박한 생활에서 많은 사람이 즐겁게 자전거를 타고 다니는 모습을 보고 싶다.

기억과 망각

살아가면서 잊어야 할 것은 빨리 잊는 것이 건강뿐만 아니라 행복해지는 방법 중의 하나이다. 아픈 기억을 치유하는 최고의 약은 망각이다. 하지만 나는 가끔 기억해야 할 것은 잊어버리고, 잊어야 할 것은 잊지 못한다.

힘들고 괴로웠던 오래전의 군대 생활을 아직도 잊지 못하고 있다. 젊은 시절, 직장을 못 구해 불안했던 아픈 기억이 아직도 꿈속에 나타나 괴로워하다 잠을 깨곤 한다.

대학시절이었다. 도서관에서 공부하다가 귀가하려고 계단을 내려와 출입문을 막 나서려는 순간, 4층의 열람실에 두고 온 가방이 생각났다. 가방을 챙겨 버스 정류장에서 버스를 기다리는데 또 뭔가 허전하였다. 이번에는 가방을 가지러 올라가던 중 다른 가방을 계단에 두고 온 것이었다.

어느 날은 시골 본가에 갔다가 귀가해서 승용차의 트렁크에서 부모님이 챙겨 주신 짐을 꺼내려고 할 때 짐 꾸러미가 보이지 않았다. 시골 마을 주차장에 빠뜨리고 왔던 것이었다. 또 어느 날은 14층의 아파트에서 골프백을 들고 집을 나섰다. 아파트 지상에 백을 두고 승용차를 가지러 지하 주차장으로 내려갔다. 지상으로 올라오면서 백을 승용차에 옮겨 신는 것을 깜박 잊고 세차장으로 향하였다. 세차를 마치고 골프장에 도착해서 트렁크에서 골프백을 끄집어내려는 순간 그때야 아파트 지상에 두고 온 것이 생각났다. 시간이 한참이나 지났기 때문에 골프백이 그대로 있을까. 경비아저씨가 챙겨 놓았을까. 서둘러 아파트로 가 보니 백은 그대로 주인을 기다리고 있었다.

물건을 잃어버리는 일도 자주 있다. 우산, 모자, 장갑, 손수건, 열쇠뭉치 등. 그뿐인가 기억을 못 해 애를 먹는 때도 있다. 각종 기념일, ID, PW, 전화번호, 자동차 번호, 사람 이름, 건물 명칭을 기억 못 한다든지, 내용은 기억하면서 제목이 생각나지 않아 애를 태운다. 심지어 물건을 가지러 가는 도중에 무엇을 챙기려고 했었는지를 몰라 당황하고, 물건을 몸에 지닌 채 찾는다고 우왕좌왕한다. 도대체 정신이 나간 건지? 치매가 온 건지?

다행인 것은 건망증이 심하고 기억력이 없지만, 꼭 해야 할 일,

진짜 중요한 일들은 잊지 않는다. 특히, 사람과 관계된 일, 약속이나 돈거래와 같은 것은 메모를 한다든지 반복하고 깊이 생각을 해서 잊지 않는다. 그래서 아직까지 누구와 약속을 어긴 적도 없고, 중요한 업무를 놓친 적도 없다.

이제는 군 생활도 좋아졌으니 나의 힘들었던 지난 군 생활의 기억은 말끔히 잊어버리고 싶다. 또한, 정년까지 보장된 직장도 잘 다니고 있으니 취업을 못해 괴로웠던 옛 아픈 기억도 말끔히 잊어 더 이상 악몽에 시달리지 않았으면 좋겠다.

이제는 여유를 갖고 차분하게 좋은 일, 좋은 추억, 소중한 사람과 물건들은 오래도록 기억하고 잊어야 할 것은 빨리 잊고 살고 싶다.

화장도 하고 웃으리라

오늘도 나는 화장을 한다. 화장은 신체의 아름다운 부분을 돋보이게 하고 약점이나 추한 부분을 수정하거나 위장하는 것이다. Kosmos는 여자에게는 숙명이자 하나의 의식이었다. 희랍어 'Kosmos'는 우주의 명령이라는 의미로, 화장(Kosmetikos)은 우주의 명령을 받아 아름다운 것을 더욱 아름답게 가꾸는 일이다.

화장의 순수한 우리말은 '장식, 장단, 야용'이고, 화장품은 '장식품, 장렴, 장구'이다. 얼굴 화장만을 가리킬 때는 '야용'이고, 몸단장에까지 이르면 '단장'이며 일반적인 화장일 때는 '장식'이다. 옷차림마저 화사하게 하였을 때는 '성장'이라고도 표현한다. 농도에 따라서 엷게 하면 '담장' 짙게 하면 '농장'이라 한다.

화장의 기술은 이집트의 여왕 클레오파트라에 의해서 집대성되어 그 원형이 현재까지 유지되고 있다. 얼굴과 머리 화장, 향수와 아로마에 이르기까지 클레오파트라는 현재와 비교해도 뒤떨어지지 않는 완벽한 화장법을 썼다고 한다.

우리나라의 화장 역사는 단군 신화에까지 올라간다. 환웅이 곰과 호랑이에게 준 쑥과 마늘은 미용재료로 볼 수도 있다. 쑥을 달인 물에 목욕함으로 피부를 건강하게 하고 미백美白을 기대하였다. 찧은 마늘을 꿀에 섞어 얼굴에 바른 후 씻어냄으로써 미백 효과 외에 잡티, 기미, 주근깨를 제거하기도 하였다. 곰과 호랑이에게 쑥과 마늘을 주어 햇빛을 보지 말라고 했던 것은 아마도 미백 효과를 실험한 것이 아니었을까 추측된다.

옛날, 우리나라에서의 화장은 기녀와 여염집 아낙, 왕실의 여인들이 하는 사치였다. 기녀들은 백분을 바르고, 입술과 뺨에 연지를 붉게 칠한 후 눈썹은 먹으로 칠했다. 백분은 쌀가루로 만들기도 했지만, 활석이나 백토를 섞어 만들기도 했고 분꽃 씨를 가루 내어 쓰기도 했다. 그러나 얼굴에 부착이 잘 안 되어 납을 섞기도 했는데, 납의 독성 때문에 화장을 진하게 해야 했던 기녀들은 피부가 손상되기도 했다.

여염집 아낙들은 기녀의 진한 화장을 천박시하고 경멸하여 기녀와 혼동되지 않도록 엷은 화장을 하였다. 궁중에서의 화장은 여염집 아낙들과 크게 다르지 않았으나, 단지 혼례 때 볼에 연지나 곤지를 바르지 않았다. 납 분을 바르지 않았고 비싼 진주 분을 사용했으며, 얼굴을 하얗게 해야 예쁘게 보인다는 생각은 다르지 않았다.

나이답지 않게 얼굴이 곱고 피부가 깨끗한 사람들을 보면 어떻게 해서 저렇게 좋은 피부를 유지할까. 궁금하기도 하고 부럽기도 하다. 좋은 화장품으로, 뛰어난 화장의 기술만으로 고운 피부를 유지할 수 있을까. 긍정적이고 규칙적인 생활, 절제와 만족이 진한 화장보다 비싼 화장품보다 더 효력이 있지 않을까 싶다.

미소 짓는 얼굴, 웃음은 스트레스와 분노를 완화시켜 주며 세포를 활성화시킨다. 긴장을 풀어 주며 환하고 밝은 모습을 보인다. 주변 사람들까지 밝게 한다. 누가 말했던가. 웃음이 최고의 화장품이라고, 웃음보다 밝게 해주는 화장품은 없다고. 웃음은 생리적으로 피를 잘 순환시켜 소화도 잘되고 피부도 고와질 것이리라.

매일 아침 화장을 하듯, 자주 웃으며 살아가리라.

주례를 서다

최근 결혼식의 모습이 새롭고 흥미롭다. 이전과는 많이 달라졌다. 예전의 결혼 전 함 팔기와 결혼 후 신랑의 발바닥을 때리는 뒤풀이를 못해서일까. 축가는 기본이요. 신랑신부에게 애정표현이나 만세삼창, 팔굽혀펴기와 같은 장난을 주문한다. 주례 없이 주례사를 신랑신부 스스로 한다든지 양가 부모님들이 하는 것을 볼 수 있다.

몇 달 전, 고향 친구가 아들의 주례를 부탁해 왔다. 신랑은 나와 같은 대학의 후배요, 신부 또한 나와 같은 도시에서 같은 분야를 연구하고 있는 여성 연구자이기에 망설임 없이 승낙했다. 그들에게 말해 줄 수 있는 것이 있을 것 같았다. 나 자신도 그들과 인연을 맺고 싶었다. 또한 결혼식장에 고향 사람과 고향 친구들이 하객으로 참석한다는 사실도 기대되었다.

첫째, 아낌없이 사랑하십시오. 많이많이 사랑하십시오. 사랑을 하면 행복해지고, 세상이 아름답습니다. 삶을 사랑하게 되고 모든 사람을 사랑하게 됩니다. 진정한 사랑은 주는 것입니다. 받는 사랑보다 주는 사랑이 더 숭고하고 아름답습니다. 사랑은 또 다른 사랑을 낳습니다. 주변 사람, 부모, 형제 모든 사람을 사랑하게 되기 때문입니다.

둘째, 신뢰하고 다른사람과 비교하지 마십시오. 먼저, 신뢰할 수 있도록 행동하십시오. 사소한 일로 의심하고 비교하지 마십시오. 의심과 비교는 끝이 없습니다. 결혼은 판단이고 결단이고 약속입니다. 책임도 따름이다. 자주 의논하고 서로가 진실해야 합니다.

셋째, 건강하고 즐겁게 신나게 살아 보세요. 주변 사람들 부모, 친구, 지인들이 보기 좋게 잘 살아보세요. 세상은 점점 발전하고 좋아지고 있습니다. 멋지게 살아보십시오!

결혼하는 신랑신부에게 당부하는 조언이었지만 오늘의 신랑신부에게만 전하는 말이 아니다. 나에게도 해당되는 말이요, 하객 모두에게 전하는 말이었다.

식이 끝나고 초등학교 동기들 30여 명이 바닷가 횟집에서 식사를 하였다. 주변 관광지도 둘러보았다. 오랜만에 만난 고향 친구들, 친구들의 농담과 장난에 초등학교 시절로 되돌아간 기분이었다. 덕분에 긴장감도 피로도 풀렸다.

동해의 푸른 바다를 바라본다. 진하해수욕장 간절곶의 시원한 바람이 불어온다. 나의 젊은 시절이 어느새 바람처럼 불어가고 나이 든 모습으로 주례를 서고 있다. 얼마 전의 그 추웠던 겨울바람도 지나가고 어느새 따뜻한 봄바람으로 불어온다. 방금 전 신랑신부에게 당부한 주례사가 메아리가 되어 들려온다.

단란한 가정을 이루고, 많이많이 사랑하면서 건강하고 즐겁게 행복하게 살아가기를 다시 한 번 기원한다.

도시락과 점심시간

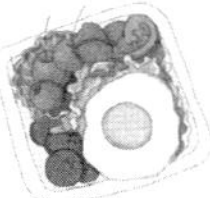

직장에 출근하면 점심시간이 기다려진다. 목포앞 바다와 고하도가 보이고 목포대교와 배들이 오가는 모습이 훤히 보이는 6층 식당으로 가면 기분이 좋아지고 행복해지기 때문이다. 음식 맛도 좋고 평소 만나지 못하는 사람들도 만날 수 있는 친교의 장소이다.

하루 세끼 중 가장 여유롭게 식사를 할 수 있는 것 또한 점심시간이다. 왜냐하면 매일 광주와 목포 간의 먼 길을 출퇴근하면서 대개 아침을 급하게 먹는다. 저녁 식사 또한 귀가 시간이 늦어 배가 고파 허겁지겁 먹기 때문이다. 세끼 식사 중 점심만이라도 여유 있게 먹고 싶어 일부러 분주한 시간을 피해 혼자 점심을 먹곤 하였다. 경치도 감상하며 나름대로 점심시간을 즐기곤 했는데 그 최근 건물을 새로 지으면서 식당을 새로 개관하였다. 돈도 아끼고 효율성을 높이기 위해 학생, 직원, 교수 심지어 기숙사 학생까지 뒤섞여 동시에 사용하는 방법으로 바뀌었다. 효율성과 경제성은 있을지 몰라도 이전보다 분주하고 한참 동안 기다려야 한다. 맛 또한 이전보다 못한 것 같아 문제점을 건의하였다.

시간이 지나도 문제점이 개선되지 않고, 개선되지도 않을 것 같기에 나는 오랫동안 정들었던 식당 이용을 그만두기로 하였다. 절이 싫으면 중이 떠나는 법. 오랫동안 행복하였던 점심시간, 그 여유 있었던 식당의 점심이 새로운 식당의 개관과 함께 나에게서 날아가 버린 것이다.

아내에게 도시락을 부탁하였다. 아내는 귀찮다는 내색 없이 도시락을 챙겨 준다. 40년 전 학창 시절에 어머니가 싸준 도시락 반찬에 투정을 부렸던 일, 점심시간이 되기도 전에 도시락밥을 다 먹어 버렸던 일, 친구들과 둘러앉아 점심 도시락밥을 먹었던 추억이 생각난다.

아내에게는 귀찮은 일이 하나 생겼을지 몰라도 나는 좋다. 도시락으로 인해 이전보다 아내로부터 더 많은 관심을 받는 듯싶다. 잃는 것이 있으면 얻는 것도 있는 법.

그동안 집에서 놀고 있었던 도시락도 바쁘게 되었다. 나의 학창 시절에 사용했던 도시락보다 예쁘고 성능이 낫다. 언제 어디서 사용했던 도시락일까? 다름 아닌 막내가 수능시험 때 단 한 번 사용했던 그 도시락이 아닌가. 이렇게 예쁜 도시락이 그동안 방치되어 얼마나 외로웠을까. 이제부터 내가 자주 애용하리라.

오늘도 나는 김이 모락모락 나는 점심 도시락밥을 먹었다. 시간도 아끼고 돈도 절약하였다. 그런데 혼자 도시락밥을 먹은 후 산보를 하다 우연히 식당 안을 들여다보았다. 여러 사람들이 줄서 있고 식사하는 모습이 보였다. 동료들이 웃으며 담소하는 모습이 보기 좋고 부러웠다. 사무실에서 혼자 도시락을 먹었던 나의 모습이 어째 좀 쓸쓸하게 여겨졌다.

밥은 같이 먹어야 맛이 있는 법. 새로 생긴 식당이 좀 불편하고 왁자지껄하더라도 다시 식당으로 돌아가리라. 예전처럼 여러 사람들과 같이 점심 식사를 해야지, 마음이 바뀌고 있다.

3부

시골

물놀이

내 고향은 세 개의 산줄기와 두 강물이 만나는 곳으로 삼산이수라고 한다. 마을 동산에 오르면 굽이굽이 흐르는 강물과 온 동네가 보인다. 바람 부는 날에는 동산에서 연을 날렸고, 보름에는 둥근달을 지켜보았다. 태풍이 몰아쳐도 폭우가 쏟아져도 끄떡없는 요새와 같은 동네이다.

무더운 여름, 점심을 먹고 동네 아이들이 동산에 올라 동네 사람이 다 들리도록 "목욕하러 가자~ 목욕하러 가자~."고 큰 소리를 지른다. 내가 가장 먼저 마을 동산에 올라 우렁차게 소리칠 때엔 의기양양해지는 날이었다. 아이들이 모이면 산길을 내려간다. 서로 먼저 강에 도착하려고 가파른 산길을 토끼처럼 달렸고, 길이 아닌 산

비탈을 흙먼지를 날리며 미끄럼 타듯 내려간다.

강가에 도착하면 옷을 훌렁 다 벗고 물에 뛰어든다. 마치 하늘에서 선녀들이 내려와 목욕을 하듯 시골 동네의 강물에는 산에서 내려온 아이들의 물놀이가 시작된다. 벗어 둔 옷을 숨기고 물장구치고 물싸움을 하고 고기잡이와 수영대회가 펼쳐진다.

장맛비와 폭우가 쏟아지면 잔잔했던 강물이 세찬 황토물로 바뀐다. 우르렁~ 우르렁~ 철썩~ 철썩거리는 물살이 굉음을 낸다. 동네 어른들은 강가로 나가 불어난 강물을 구경하기도 하고, 세찬 물살을 피해 강가로 몰린 물고기를 잡기도 한다. 비가 그치면 아이들은 짜릿하고 스릴 넘치는 '헤엄쳐 강물건너기' 시합이 붙는다.

바로 강물을 헤엄쳐 건너가다 물살에 힘을 잃고 떠내려갈 수도 있는 상황이다. 더 아래쪽으로 떠내려가면 급류와 회오리가 돌고 있는 깊은 곳이다. 아이들은 높은 바위에서 점프를 해서 물살을 타고 헤엄쳐 강물을 건너간다. 긴장된 순간을 지나 간신히 강을 건넜으나 다시 저쪽에서 이쪽으로 건너오기가 더 힘이 든다. 건너편에는 높은 바위가 없었기 때문이다. 힘들고 위험한 경기에서 승자에게 주어지는 상품은 라면 한 봉지가 전부였다.

시골 초등학교 아이들의 머나먼 귀갓길에서도 물놀이는 시작된다. 등에서 땀이 흐르고 지루해지면 가던 길을 멈추고 옷을 벗고 강물에 뛰어든다. 물놀이와 물싸움이 시작된다. 고기잡이도 시작된다. 한 마리의 피라미를 정해 손뼉을 치며 물고기를 쫓다 보면 처음

엔 날쌔게 도망치던 물고기도 시간이 지나면 비실비실 돌 밑에 숨는다. 간혹 놓치기도 하지만 대개는 아이들의 손아귀에 잡힌다. 피라미 쫓는 일에 지치면 개울의 물길을 막아 물 흐름을 바꾸어 팔딱팔딱 뛰어오르는 물고기를 잡기도 한다.

그뿐인가. 큰 돌을 집어 올려 물고기가 숨어 있을 법한 돌 위에 내려쳐 물고기들을 기절시켜 잡기도 하였다. 마치 원시인들의 수렵생활 모습과 같았다. 지금은 강 상류에 댐을 만들어 흘러내리는 강물의 양이 줄었다. 바빠서일까, 놀이 문화가 바뀌어서일까, 강물에서 물놀이하는 아이들을 볼 수 없다.

그래도 나의 물놀이는 계속되고 있다. 가끔 강에서 낚시도 하고 비 내린 후 시원스럽게 흐르는 강물을 지켜보기도 한다. 직장에서는 학생들에게 물에 관해서 가르치고 있다. 강이나 호수, 바다에 관한 연구를 하고 있다. 시민들에게는 환경과 물에 관한 홍보 강연을 하기도 한다.

올여름, 안식년을 맞아 빈둥대다 황량했던 시골 마당에 연못을 만들었다. 산에서 내려오는 물을 끌어 포석정처럼 만들까, 풀장으로 만들까, 금붕어가 살 수 있는 연못으로 만들까, 고민을 하다 그저 감나무 그늘 아래 발 담그고 놀 수 있는 작은 연못으로 만들었다. 물이 모이면 생물들도 모인다. 언젠가 친구들이나 가족들이 모여 물놀이하는 모습을 보고 싶다.

스스로 만든 연못을 지켜보다 시도 한 수 지었다.

무더운 여름정오 시골집의 마당에는
뜨거운 태양빛이 강렬하게 쏟아지고
바람과 흙먼지만 휘날리고 있었는데,
산에서 흘러오는 물줄기를 가두우니
청량한 물소리가 들려오고 어디선가
시원한 산들바람 살랑살랑 불어온다.

언젠가 소금쟁이 이리저리 헤엄치고
송사리 개구리도 연못으로 모여들어
모두들 옹기종기 사이좋게 살아가리.

오랫동안 물놀이를 하며 살아온 나, 부모님이 지어주신 이름 외에 아호雅號도 하나 지었다. '산해山海.' 산에서 태어나 바다로 간다. 산에서 놀다가 바다에서 놀고 있다. 산처럼 바다처럼 살고 싶다. '산과 바다와 같은 사람이 되고 싶다.'라는 의미를 담았다.

—2017년 『수필시대』 9월호

봄이 오는 길목에서

개울물이 졸졸 녹아 흐르고 새싹들이 솟아난다. 차가웠던 바람이 부드럽고 따스하다. 여인들의 치맛자락에서도 아이들의 놀이터에서도 봄소식이 들려온다.

겨울 동안 방치했던 자전거를 꺼내 먼지도 털고 공기압을 체크한 후 아파트의 주변을 둘러본다. 얼굴에 와 닿는 바람이 따스하고 상쾌하다. '내일부터 자전거로 출퇴근해야지!' 새 차를 구입한 듯 흥분된다.

주말에 아내와 마을 뒷산에 올랐다. 햇볕이 드는 곳에서는 벌써 새싹이 돋아나고 있다. 봄소식 중에 가장 친근한 것이 파랗게 돋아나는 쑥이며 냉이다. 쑥은 건강식품이며 약용으로 사용된다. 쑥떡,

쑥전, 쑥버무리, 쑥된장국이다. 나른해지는 봄날, 입맛을 돋우는 것은 제철에 뜯은 쑥을 넣고 끓인 쑥된장국이다. 된장 냄새와 쑥 냄새가 입안에 가득해진다. 그 냄새와 진한 맛이 온몸으로 스며들어 겨울 동안 얼었던 오장육부를 녹인다. 힘이 약한 노인도 몸이 아픈 환자도 건강해진다.

좋은 쑥은 부드럽고 진한 향을 풍긴다. 시기를 놓치면 식감뿐만 아니라 향과 맛이 떨어진다. 부드럽고 맛있는 쑥이 언제나 어디에서나 있는 것이 아니요, 초봄 양지 바른 곳에 갓 솟아난 쑥이 최고다. 많고 많은 쑥 중에 좋은 쑥을 찾아내기란 쉽지 않다. 대충 보면 알 수 없다. 집중해서 살펴야 좋은 쑥을 발견할 수 있다. 처음에는 보이지 않던 쑥이 점점 눈에 들어오고, 쑥 뜯는 일이 익숙해지면 온 산 온 들판의 쑥을 다 뜯고 싶어진다. 과욕은 금물. 뜯기도 힘들고 다듬기도 힘들기 때문이다.

솟아나는 파란 쑥을 보면 어린 시절의 추억이 생각난다. 같은 동네의 여자아이를 좋아했으나 동네 사람들의 눈 때문에 만날 수가 없었다. 같이 놀 수 있는 공간도 마땅치 않았다. 그래서 방해받지 않는 둘만의 장소가 필요했다. 우리는 사람들의 눈에 띄지 않는 곳으로 나물 캐러 떠나곤 했었다.

세월이 지나 각자 도시로 떠났다. 군 생활을 마치고 잠시 시골집에 있을 때 우연히 시골 동네에 온 그녀를 만날 수 있었다. 시골 소녀가 도시 처녀로 변하였다. 우리는 어린 시절에 경험을 했듯이 각자 바구니를 들고 집 앞의 논두렁으로 나물 캐러 나섰다. 쑥을 깨면서 이런저런 이야기를 나누었다. 따뜻한 날씨와 봄나물들이 우리의 만남을 자연스럽고 부드럽게 해 주었던 것이었다.

봄이 오는 길목이었다.

밤나무 감나무

어릴 적, 시골집 입구에 큰 밤나무가 있었다. 아침이면 일어나자마자 밤나무 밑으로 달려가곤 했다. 발갛게 익은 밤이 여기저기에 떨어져 있었기 때문이었다.

밤송이가 익어 딱 벌어질 때면 더 많은 밤이 떨어졌다. 워낙 나무가 커서 높은 가지에 달린 밤은 다 따지도 못해 밤을 수확한 후에도 계속 밤이 떨어졌다. 며칠 지나면 또 밤이 떨어져 있었기 때문에 누구나 나무 밑을 지나갈 때는 눈을 크게 뜨고 두리번거렸다.

떨어지는 밤 가시에 맞은 적도 있었고, 밤톨을 까다가 가시에 찔린 적도 있었다. 덜 익은 밤톨은 그대로 두면 저절로 밤알을 토해낸다. 수확한 밤을 땅속에 보관하였다. 밤을 꺼내는 사람은 어머니와 할머니뿐.

추운 겨울, 할머니께서는 자주 화롯불에 밤을 구워 나에게 주셨다. 아직도 그 고소한 군밤의 맛이 입안에서 맴돌고 있다. 세월이 지나 밤나무도 늙어 밤이 달리지 않고 혹여 바람에 넘어질까 베어 버렸다.

고소한 군밤을 구워 주셨던 할머니 묘는 시골 동네 입구의 산 중턱에 있다. 인자하셨던 할머니는 우리 가족들이 어떻게 살아가고 있나 늘 지켜보고 계신다. 시골집에 갔을 때나 떠나올 때 할머니의 묘 잔등을 바라보면 내 유년을 토실토실 살찌우던 밤나무가 생각난다.

군것질 나무는 또 있었다. 집 뒤 안에 큰 감나무가 있었고, 입구에도 작은 감나무 하나가 있었다. 나는 자주 큰 감나무에 올라 놀았다. 감나무에 올라서면 온 동네가 다 보였고, 세상에서 내가 가장 높은 사람이 된 기분이었다. 곶감으로 만들어 먹고 홍시로도 먹었다. 어느 가수가 부른 노래가 생각난다.

… 생각이 난다 홍시가 열리면 울 엄마가 생각이 난다 …

긴 겨울밤, 어머니는 말려놓은 감 껍질과 얇게 썰어 말린 감을 내놓았다. 간혹 달고 황홀한 맛을 내는 하얀 분가루가 묻은 곶감도 내놓는다. 말린 감을 밥에도 넣어 먹고 떡에도 넣어 먹었다. 시루떡과 인절

미를 홍시에 찍어 먹었다. 졸깃졸깃한 말린 감의 단맛은 아직도 생생하다. 홍시나 곶감은 제사 때나 보름, 명절 때 긴요하게 쓰였다.

세월이 흘러 먹을 것이 풍부해지고 입맛의 수준이 높아져 갔다. 심지어 감이 똥같이 취급되는 지경에까지 이르렀다. 결국 집의 공간을 넓히고자 큰 감나무를 베어 버렸다. 이제 나무라고는 집 입구에 서 있는 감나무뿐이다. 다행이 키가 작았던 그 감나무가 반듯하게 자라 멋있는 모습으로 서 있다. 그 사이 나도 어느새 50대의 성인으로 변하였다.

자동차가 늘어나 트럭과 승용차가 집안으로 들어오다 보면 감나무가 방해가 되고 신경이 쓰인다. 감 톨이 떨어지고, 감잎과 익은 감이 떨어져 마당이 더럽혀져 자주 청소를 해야 한다. 이런저런 이유로 어머니는 감나무를 베어 버리자고 하셨다. 나는 감나무의 좋은 점을 생각해 어머니를 설득해서 감나무는 아직까지 별 탈 없이 자라고 있다.

어릴 때는 익은 감을 기다렸지만, 이제는 감나무의 변해가는 모습을 지켜본다. 봄이면 가지가지에 푸른 잎이 솟아나고, 여름이면 푸른 잎이 시원한 그늘을 만들어준다. 가을이면 온갖 색깔의 단풍으로 변하고 푸른 감이 붉게 변한다. 감나무는 계절에 따라 다른 모습으로 변한다. 아직도 집안의 어딘가에 계실 것 같은 어머니의 모습은 보이지 않고 감나무만 그 자리에 서 있다.

짙어가는 가을, 시골집에 누워 있으면 뚝 뚝~ 감 떨어지는 소리가 들려온다. 톡 톡~ 감잎 떨어지는 소리가 들려온다. 바람에 쓸려가는 감 잎사귀 소리만 부스럭 부스럭~ 들려온다.

—2018『한강문학』 여름호

한우

어릴 적, 소를 지켜보면 궁금한 점이 있었다. 우선 생각이 있는지 없는지, 착한 건지, 어리석은 건지? 사람보다 덩치도 크고, 힘도 센데 시키는 대로 고분고분하였다. 덩치답지 않게 풀만 먹고 물만 마신다. 배가 불러서일까, 고파서일까, 자주 입을 오물오물 되새김질을 하였다.

아무런 대가도 없이 농사일을 하고, 무거운 짐도 옮긴다. 때로는 주인에게 매를 맞기도 한다. 배가 고파도, 힘이 들어도 불평 한마디 없다. 좀처럼 화를 내지 않는다. 농사일뿐만 아니라 자신이 먹고 싼 분뇨로 좋은 퇴비도 만들어 준다. 매년 새끼를 낳아 집안 경제에도 도움을 준다. 그뿐인가 소가 끄는 소달구지는 시골 농촌에서 유용한 교통수단이었다. 죽어서는 소꼬리와 소가죽, 한우고기도 남긴다.

아버지께서는 아침저녁으로 소죽을 끓여 주었다. 소 풀을 챙기고 외양간을 청소하는 일이 당시 우리 집의 중요한 일과 중의 하나였다. 가족의 구성원처럼 소의 잠자리와 식사를 챙겨 주었던 것이었다.

소가 해야 할 일이 없는 날이나 한가한 때는 산과 들로 나가 한가하게 풀을 뜯어먹는다. 겨울에는 따뜻한 외양간에서 종일 휴식과 낮잠으로 보낸다. 지금은 인공수정으로 송아지를 낳고 있으나, 40여 년 전에는 동네의 공터나 길에서 힘이 센 황소와 뜨거운 데이트를 했었다. 그런 일이 있고 난 후, 암소의 배가 불러오면 아버지께서는 소에 더욱 관심을 두고 더 많은 풀과 소죽을 끓여 주었다.

송아지가 태어날 즈음에는 가족 모두가 소에게 관심을 가졌고, 남녀차별이 적용되었을까, 수송아지가 태어나기를 기대하였다. 송아지가 태어나 집 마당을 뛰어다닐 때는 아이가 하나 태어난 모양, 생동감이 넘치고 기쁨으로 가득 찼다.

봄, 가을 소를 돌보는 것이 나의 일이었다. 우리 집의 소는 순하고 생겨 인기가 좋았다. 두 마리의 어미 소가 동시에 송아지를 가질 때에는 나의 소 돌보는 일은 더욱 바빴다. 마음이 서로 통하면서도 귀찮은 존재이기도 하였다. 소 돌보는 일로 동네 아이들과 놀 수 없기 때문이었다.

여름 오후, 동네 아이들과 소를 데리고 깊은 산으로 가 산골짜기에 소를 몰아넣었다. 소들은 풀을 뜯어 먹었고, 아이들은 묘 잔등과 산등선에서 신나게 놀았다. 해가 저물면 소들은 산에서 스스로 내려왔는데, 어느 때엔 우리 집의 소가 산에서 내려오지 않아 애를 태우기도 하였다. 아니 내가 데리러 오기를 기다리고 있었던 것 같았다.

집을 나올 때 홀쭉했었던 소의 배가 오후 내내 풀을 뜯어먹어 동글게 부풀면 소몰이 아이들의 마음도 그득해진다. 뜨거웠던 해님도 열을 내리고 서산 아래로 지면 소몰이 아이들도 집으로 향한다.

세월이 흘러, 사람들이 경운기와 각종 농기구를 구입하더니 소를 아끼는 마음이 변해 갔다. 소의 역할과 가치가 떨어지니 소에 대한 관심도 식어 갔다. 아무도 소가 좋아하는 풀이나 소죽을 챙겨 주지 않았고, 볏 집단과 사료만을 던져주었다. 심지어 소가 좋아하는 들이나 산으로 데려가지도 않았고, 종일 외양간에 묶어 두었던 것이었다.

수입산 소고기가 들어오고, 살아있는 외국 소까지 몰려오니 시골 동네에는 한우의 모습이 점점 줄어 갔다. 한 해가 지나자 예상치 않던 일이 생겼다. 개방의 물결로 끝없이 떨어지던 한우 가격이 느닷없이 2~3배로 올랐고, 한우 정책을 잊었던 정부도 갑자기 소 키우는 것을 권장한다. 이 일을 우짜노? 소를 내다 판 농부님들 어찌할꼬!

우리 집 소도 늙었는지 더 이상 새끼를 낳지 않았고, 아버지께서도 힘드시는지 소를 내다 팔았다. 다행히 높은 가격을 받았지만 서운하신 것 같았다.

오늘날, 소 가격이 올라 한우고기 먹기가 어려워졌다. 우리 동네, 우리 집에서 우리의 소가 사라진 것이 다행인지 불행인지. 그 답은 이 땅으로 몰려온 색깔 다르고 덩치 큰 소들이 말해 줄지 침묵할지 알 수 없는 일이다.

추석

추석이 다가오면 길고 긴 귀향길이 시작된다. 터미널에는 버스를 기다리는 행렬의 꼬리에 꼬리를 물고 늘어진다. 선물 꾸러미를 움켜쥔 사람들의 발걸음도 바빠진다.

겨우 올라탄 귀향 버스는 발 디딜 틈도 없으나 불만과 짜증보다는 설렘과 기대감으로 모두가 밝은 모습이다. 창밖으로 스쳐가는 황금빛 들판과 길섶 코스모스와 가로수를 바라보며 마음은 벌써 고향에 가 있다. 타향에서 힘들었던 일들은 귀향길에서 녹아내리고, 도시 생활에서 바빴던 마음도 여유와 충만함으로 바뀐다.

시골 동네 아이들은 동구 밖에서 삼촌이며 고모를 기다리고, 할머니와 어머니는 송편 빚기와 차례상 준비에 몸과 마음이 바빠진다. 읍내 장이 떠들썩해지면, 아버지는 제수祭需 물품을 보시고, 덤으로 옷가지며 양말도 사 오신다. 할아버지는 과수원에서 잘 익은 사과며 대추를 따오시고, 딱 벌어진 밤톨도 주워 오신다.

동네 빈터에는 왁자지껄, 어른, 아이 다 모이고, 차례상에 올릴 육적을 마련하기 위해 그동안 잘 키워 왔던 돼지와 한판 싸움이 시작된다. 꽥~꽥~. 돼지 살리라는 비명이 온 동네에 울려 퍼지고, 돼지가 남긴 오줌보는 아이들에게 축구공으로 제공된다.

장작불로 끓인 수육의 맛을 서울 장안의 그 어느 유명한 식육점의 맛과 견줄 수 있으랴. 잘 익은 수육을 안주 삼아 술잔이 오가고, 순대 삶는 솥에서는 뿌연 김이 세차게 뿜어난다. 조용했던 시골 동네는 밤이 깊어도 잠들 줄 모르고 둥근 달과 함께 술자리와 노래소리로 추석 전야는 시끄럽기만 하다.

깨끗한 옷차림과 맑은 마음으로 차례상 앞에 모인 가족들, 어린아이는 가만히 서 있지 못해 이리저리 오간다. 구천에 계신 조상님들이 음식을 다 드셨는지. 음복술에 술기운이 달아오른 어른들은 나라 정치와 나라 경제에 열을 올리고, 밥, 국이 나와서야 정회가 이루어진다. “더도 말고 덜도 말고 한가위만 같아라.” 햅쌀밥에 온갖 나물이며 과일로 차려진 추석 명절의 음식상은 고향의 맛과 풍요로움이 가득하다.

시대가 변해서 요즈음의 추석 명절의 귀향길은 대개 개인적이고 가족 단위로 움직이니 이웃 간의 정은 이전보다 못하다. 그래도 부모 형제와 고향 사람들이 반겨주니 고향의 정은 살아있다. 설렘과 기대감을 주던 소꿉친구 여자아이들은 모두 시집가고 없으나, 시골의 풍경과 고향의 맛을 함께할 처와 자식이 있으니 외롭지 않다. 아직도 고향의 동산을 오르고, 시골 목욕탕에서 등을 밀어주는 고향 친구가 있으니 이것이 나의 청복淸福이 아닌가.

몸과 마음을 쉬면서 보낸 추석 명절의 휴가가 끝나면 다시 도시로 향한다. 새로운 마음과 새로운 각오로 일터로 돌아간다.

또다시 다가올 추석 명절을 위해.

막걸리

비 내리는 날, 파전과 함께 막걸리를 마신다. 막걸리! 과연 너는 누구이며, 어디서 왔단 말인가?

시루에 찐 녹말 덩어리인 지에밥을 누룩과 버무려 술독에 넣고 아랫목에 따듯하게 모셔둔다. 시간이 지나면, 뽀글뽀글, 누룩곰팡이가 녹말을 맥아당인 엿당으로 만들고, 다시 포도당으로 바꾼다. 효모와 세균들이 누룩곰팡이와 함께 포도당을 발효시켜 술로 만든다.

발효가 끝나면 살균 막걸리와 생막걸리로, 청주와 탁주로, 동동주와 막걸리로 생산된다. 도수에 따라 13도 미만은 약주, 14~25도는 청주로 구분하기도 한다.

빛깔이 탁하다고 탁주濁酒, 마구 막 거른 술이라 하여 막걸리, 집집마다 담근다고 가주家酒, 우유처럼 희다고 백주白酒, 농사일에 널리 쓰인다고 농주農酒, 제상에 올린다고 제주祭酒, 백성들이 즐겨 마신다고 향주鄕酒, 나라를 대표하는 술이라고 국주國酒라 했다. 지역에 따라서 옥천과 음성에서는 대포 막걸리와 모주라 부르고 논산에서는 왕대포와 젓내기 술, 부산에서는 탁배기, 경북에서는 탁주라 한다.

어린 시절, 마을 입구에서 뛰어놀다 동네로 들어서는 수상쩍은 사람들을 발견하면 우리는 그들보다 먼저 동네로 뛰어 들어오면서 "술 단속 온다~. 술 검사 온다~."고 소리를 질렀다. 집에다 술을 담가 놓은 사람들은 술독을 나무더미나 짚더미 속에 숨겼다. 혹, 누룩이나 밀주가 발각되면 모두 빼앗겼고 벌금도 내야 했었다. 당시 술은 특정 양조장이 그 지역의 술 시장을 독점하였고, 술 맛이 좋든 싫든, 싸든 비싸든 사람들은 양조장의 술을 사서 마셔야 했었다. 막걸리의 맛은 언제나 그대로였는데.

1960년대 중반까지 막걸리는 서민들에게 친숙한 술이었다. 농부들은 쌀알이 섞여있는 막걸리를 새참으로 마시기도 하였다. 우리 집은 늘 손님이 끊이지 않았다. 어린 나는 주전자를 들고 주막집을 왔다 갔다 했다. 제사나 명절 같은 집안행사에는 술을 담그었고, 술지개미에 사카린을 타서 먹기도 하였다.

정부는 식량이 부족하여 쌀을 원료로 한 술 제조를 전면금지하였다. 쌀이 아닌 잡곡을 원료로 만든 막걸리는 사람들의 술맛을 잃게 하였다. 대신 소주나 맥주의 소비가 늘어갔다.

세월이 흘러 지금은 술 제조가 자유로운 시대이다. 대학생들의 MT나 행사장에 맥주나 소주병이 수북하게 쌓여 있다. 어른들의 회식 자리와 모임에도 소주와 맥주잔이 오간다. 농촌에서도 대개 소주와 맥주를 마신다. 왜 막걸리가 아닐까? 맛 때문일까? 보관과 취급 때문일까? 이윤과 마진 때문일까?

나는 술을 좋아하나 체질상 독한 술이 싫어 순박하고 순한 막걸리를 마신다. 화학주보다는 곡주인 막걸리를 마신다. 밥상 위에 안주가 오를 때 반주飯酒로도 마신다. 특히 아버지와 함께할 때 더 행복하다. 성묘 때나 집안의 모임에도 막걸리를 챙겨간다. 시골 동네 아주머니와 할머니는 내가 챙겨온 막걸리 맛에 빠진다.

1993년부터 유학을 했던 일본의 사이조西條 마을은 술 생산지로 유명한 곳이었다. 일본의 3대 명주의 한 곳으로 마을 곳곳에 양조장과 술 가게가 있었다. 10월 하순부터 다음해 3월까지 마을 전체가 술 향기로 가득해진다. 매년 개최되는 술 축제에 많은 사람들이 모인다. 술 창고 견학, 술 시음회, 우물물 시음회, 연주회, 바자회 다채로운 행사가 열린다. 지역의 로터리 클럽이나 회식자리에서도 지역의 술을 즐겨 마시고, 손님이 온다든지 다른 곳을 방문할 때도 지역의 술로 대접하고 선물하는 모습을 볼 수 있었다.

목포로 이사를 와 해남의 넓은 들판을 보고 그 옛날 부족했던 쌀과 막걸리가 생각났다. 술 익는 냄새가 풍기고, 술을 거르고, 마루와 마당에서 나무 그늘에서 막걸리를 마신다. 일을 하다 잠시 쉬면서 들판에서 막걸리를 마신다.

그 무서웠던 술 단속이 없었더라면, 계속해서 사람들이 막걸리를 즐겨 마셨더라면, 가가호호 가양주의 기술은 대대로 전해 왔을 것이다. 막걸리의 맛이 더 좋아졌을 것이다. 목포, 해남 지역에 유명한 술 제조 회사도 더 많이 탄생되었으리라.

다행히 최근에 쌀이 남아돌고, 막걸리가 웰빙 술, 영양가가 높은 술이라고 알려지면서 막걸리의 인기가 높아지고 있다. 해외로도 수출되고 있다. 막걸리의 맛이 되살아나고 있는 것이다. 광주의 무등산막걸리, 울릉도의 호박막걸리, 홍천의 더덕막걸리, 강화의 인삼막걸리, 고창의 복분자막걸리, 공주의 밤막걸리, 가평의 잣막걸리, 연천의 율무막걸리, 청양의 구기자막걸리.

막걸리 앞에서 기분이 좋아지고 술이 당긴다. 역시, 막걸리는 주전자에 부어 마셔야 맛이 있다. 유상곡수연流觴曲水宴은 아니더라도 만사의 시름을 잊고 막걸리에 동동주에 얼얼하게 취하고 싶다.

김장김치

낙엽이 지고 찬바람이 불어오면 배추의 속이 꽉 차오른다. 김장철이 다가온 것이다. 나의 시골집은 매년 많은 양의 김치를 담근다. 올해에는 예년과 달리 김장의 총감독이 아버지로 바뀌었다. 어머님이 몇 년 전에 담낭암으로 세상을 떠나셨기 때문이다.

며칠 전, 아버지께서 텃밭의 배추를 뽑아 놓았으니 더 추워지기 전에 김장을 하자고 하셨다. 나는 김장날짜를 정해 동생들에게도 알려주었다.

김장은 결코 쉬운 일이 아니다. 힘들고 세심한 정성이 드는 과정이다. 김치는 가정에 없어서는 안 될 필수 음식이 아닌가. 어떤 집은 주문 김치로 사서 먹고, 어떤 가정은 절인 배추를 사서 김장을 한다. 우리 집은 텃밭에서 직접 키운 것으로 김장을 한다.

텃밭의 거친 땅을 일구고, 석회와 비료를 섞어 두둑을 치고 고랑을 만든 후 배추씨를 뿌린다. 온갖 영양소와 물을 먹고 싹이 돋고 더위와 추위를 겪는다. 가뭄에 목말라 시들기도 하고 장마에 허물어지기도 한다. 세찬 바람과 뜨거운 햇살을 받는다. 배추벌레, 진딧물 온갖 병에 시달린다. 수많은 고난과 고통을 참고 무성한 배추로 자란다. 겉은 쭈글쭈글 말라 비틀어 보이지만 속은 꽉 찬다.

배추의 맛은 달고 독이 없다. 성질은 평하고 화和하다. 생으로 먹고, 볶아먹고, 삶아 먹고, 절여 먹는다. 그중에서도 최고의 맛은 뭐니뭐니 해도 잘 숙성시켜 화려하게 변한 김치이다. 배추에 고추, 무, 마늘, 생강을 넣은 양념이 추가된 김치야 말로 그 효능과 영양소는 이루 다 셀 수 없다.

배추가 김치로 탄생되기까지는 여러 과정을 거친다. 다 자란 배추, 속이 꽉 찬 배추는 여러 번 칼질을 당하고, 두 쪽, 네 쪽으로 찢기고 갈라진다. 소금에 절여지고 씻기고 헹구기를 반복한 다음, 물기가 빠지면 온갖 양념으로 발라져 김치통이나 장독에 담겨 숙성의 시간을 거친다.

같은 모양의 배추가 다양한 색상과 맛을 풍기는 김치로 변신한다. 거친 배추가 숨을 죽여야 김치 맛이 나는 것이다. 사람도 마찬가지다. 어릴 적 같은 모습이었던 아이들이 여러 과정과 곡절을 겪고서야 각기 다른 모습과 인성과 향기를 풍긴다.

김치는 언제 어디서나 누구와도 잘 어울린다. 쌀밥과 보리밥, 흰밥과 잡곡밥, 라면과 국수와도 어울린다. 특히, 삶은 고구마와 떫은 감을 먹고 난 후 없어서는 안 될 필수 반찬이고 찰떡궁합이다.

화려하고 깊은 맛을 내는 김치. 갓 담근 것은 신선한 맛을 묵은 김치는 신맛을 낸다. 싱싱하고, 짜고, 맵다. 고소하기도 하고 매콤하기도 하다. 그 깊고 오묘한 맛을 이루 다 표현할 수 없다.

김치의 맛은 김치를 담그는 사람에 따라서, 기후와 토질에 따라서, 종자와 소금 절임의 정도에 따라서, 양념에 따라서 그리고 저장 용기와 저장 방법과 기간에 따라서 달라진다. 배추가 자라고 김치가 되는 과정을 생각하면 밥상 위에 올라온 김치가 단순한 반찬이 아님을 새삼 느낀다.

사서 먹는 반찬이나 고춧가루와 김치를 무척이나 싫어하셨던 어머님. 직접 땅을 일구고 배추를 키워 김장을 하셨던 어머니의 노고와 정성이 느껴진다. 자식 걱정과 가족의 먹을거리에 평생을 바치고 남김없이 주고 가신 어머니. 잠시 잊었다가도 김장때가 다가오면, 김치를 보면 어머니가 생각난다.

부모님 감사합니다

30~40년 전, 좋은 사윗감이나 멋진 남자의 모습은 얼굴이 통통하며 배가 나온 사람이었을까? 어머니는 자주 나에게 "살이 좀 쪄야지." 하셨다. 장가든 이후 장모님도 "김 서방, 살 좀 찌게." 하셨다. 체구도 작고 얼굴이 비쩍 말라 안쓰러워 보였나 싶다. 남자가 좀 보기 좋게, 후덕하게 보이도록 덩치도 있고 살이 좀 붙어 있기를 기대하셨나 보다.

어릴 적, 통통했던 얼굴이 대학을 진학한 후, 더 야위어 나 자신도 얼굴에 살이 붙기를 희망하였다. 하지만 해야 할 일도 많고, 생각도 많고, 성격도 급해서인지 좀처럼 살이 붙지 않았다. 식성은 좋아서 가리지 않고 먹는데도 몸무게는 늘 그대로였다.

먹고 먹어도 왜 살이 찌지 않을까. 체질 때문일까, 성격 때문일까 음식이나 생활 습관 때문일까. 곰곰이 원인을 생각해 본다. 욕심을 버리고 편하게 생활하면 살이 찔 것 같기도 하다. 살찌는 방법을 알면서도 실천하지 못하는 것도 다 타고난 천성인 것이다.

현대인들은 몸 관리와 건강을 위해 많은 시간과 돈을 들인다. 날씬해지고자 함이다. 걷고 뛰고, 산을 오르고, 땀을 빼고, 반복해서 윗몸을 일으킨다. 눈물겨울 정도이다. 금식까지 한다. 흡사 고행의 모습, 도를 깨우치는 노력이랄까. 심지어 정체불명의 약으로도 날씬해지려고 한다.

몸의 형태는 타고난 체질이나 체형, 음식, 수면, 스트레스, 운동과 생활 습관으로 형성될진대. 이미 형성된 팔다리, 허리, 엉덩이가 다이어트의 약 하나만으로 날씬해질 수 있을까. 지나치게 야윈 몸은 보기도 흉하고 건강에도 해로울 텐데.

신체에 대한 미의 기준은 시대에 따라서, 나이와 사람에 따라서 달라진다. 한때 부러워했던 부富의 상징이나 미美의 척도, 부러움의 대상이었던 것이 현재에는 비만이라고 꺼린다. 지나친 비만은 성인병의 원인이 되고 행동이 불편하며 장수에 지장이 되기 때문이다. 사람들이 살찐 모습을 싫어하고, 살을 빼려고 하니 나 또한 일부러 살찌울 이유가 없다. 날씬하고 표준적인 몸은 건강관리의 상징이기도 하다.

먹을 것이 풍부하고, 맛있는 음식이 나의 입을 유혹한다. 하지만 살이 찔까 먹고 싶은 음식을 마음대로 먹지 못하는 사람도 있다. 다행히 나는 비만 걱정 때문에 먹고 싶은 음식을 못 먹는 일은 없다. 세끼 식사는 마음 편하게 먹는다. 밥이 약이요, 보약이다. 간식이나 군것질은 필요하지 않다. 그저 목을 축일 커피나 차, 물만 있으면 족하다.

예전에 살이 찌지 않는 것을 못마땅해 하였고, 살이 찌지 않은 체질을 물려주신 부모님을 원망했던 적도 있었다. 이제는 먹어도 또 먹어도 살이 찌지 않은 체질을 물려주신 부모님께 감사할 따름이다.

어머니도 장모님도 이제는 나에게 살찌라고 말하지 않는다. 적절한 체중을 유지하고, 언제나 몸무게가 그대로인 나의 모습을 멋지게, 예쁘게 보고 계실 것으로 생각된다.

작은 키

나는 어릴 때부터 자유분방하게 자랐다. 가끔 기를 죽이고 불만스럽게 하는 것이 있었는데, 다름 아닌 키가 작다고 차별하는 일이었다. 달리기나 공차기에서나 술래잡기 놀이에서 심지어 아이들끼리의 싸움에서도 나는 항상 자신이 있었다. 때문에 주로 한두 살 위의 형들이나 키 큰 아이들과 어울렸다.

그런데 학교에서는 어떤 이유에서인지 키 작은 아이는 키 작은 아이끼리, 키 큰 아이는 키 큰아이들끼리 줄을 세우고 앉히니 늘 불만스럽고 못마땅하였다.

고등학교 시절, 정말 기분 상하게 한 것은 군사 훈련 교육 과정인 '학도호국단 사열'이었다. 교련복과 검은 훈련화를 신고, 검정 베레

모를 쓰고, 리본을 달고, 나무총을 맨 후, 이런저런 군사 훈련을 하였다. 힘들었던 연습이 끝나고 진짜 사열에서는 키가 작다고 어느 땐 참가를 시키고 어느 땐 열외를 시켰다. 기분이 나빴다. 자존심도 상하였다.

대학에 진학해서 미팅에 나가면, 어쩐 일인지 여자 쪽이 대개 키가 컸기 때문에 서로 마음을 비우고 즐겁게 대화만 나눈 후 미련 없이 헤어지기 일쑤였다. 당시, 편법을 써서 신성한 군 복무를 기피하는 젊은이들도 있었다. 나는 키 작은 것 빼고는 모두 적격이었기에 당연 입대를 했으니 씩씩하고 폼 나는 '육군 김 이병'이 되었다.

오랫동안 신병 오기를 기다리던 내무반에 조그마한 체구의 신병이 전속되어 왔으니 앞으로 선착순이나 해낼지, 아침 구보, 군장 구보, 100km 행군, 불꽃 튀는 군대 축구 시합을 할 수 있을지 모두가 걱정을 하였다. 하지만 시간이 갈수록 내가 자기 편이 되기를 은근히 기대하는 눈치였다. 보기보다 업무뿐만 아니라 모든 것을 잘해냈기 때문이었다.

군 제대를 하고 장가갈 즈음, 인생을 함께할 배우자는 가능한 키가 크면 좋겠다 싶었다. 하지만 결혼해서 현재 같이 살고 있는 나와 아내의 키 하나만은 서로가 이상형이 아니었음을 인정하고 있다.

키가 작아서 못 하는 일은 없다. 남들보다 노력하면 더 잘할 수 있다. "고추는 작아도 맵다. 키 작은 사람이 수명이 길다. 암의 발병률이 낮다."고 하는 통계도 있다. 키가 작아도 역사에 빛나는 업적을 남긴 위대한 인물들도 있지 않는가. 키가 크면 큰 대로 장점이 있고, 키가 작으면 작은 대로 재능과 강점이 있을 것이다.

키가 크고 작은 것이 뭐가 그렇게 대수인지? 세상을 살아보고 나이가 들어보니 내면, 인상과 마음, 사람의 향기와 멋, 사람의 품격이 중요하다는 것을 새삼 느낀다.

외모를 극복할 수 있는 능력을 키워가고 싶다. 시선이나 비교에 개의치 않고 살아가련다. 누구와도 즐겁게 어울리면서 나의 색깔과 나의 개성을 살려가고자 한다.

과수원 산을 바라보며

우리 집에는 평평하고 경사진 산이 하나 있다. 오래전, 산 아래 땅을 밭으로 일구어 농사를 짓다가 과수원으로 만들었다. 여느 산과 마찬가지로 잡초와 잡목이 무성하였고 돌과 바위가 많았다. 처음에는 삽과 괭이로 힘들게 일구었고, 얼마 후 굴착기의 힘을 빌려 더 큰 과수원으로 만들었다.

과수원과 산 주변에는 과일과 채소가 여물고, 더덕, 도라지, 두릅, 산나물 온갖 것이 자라고 있다. 과수원 주변이 오래전 그릇 굽던 곳이었다고 한다. 깨진 흙 그릇 조각들이 나오더니 온전한 흙 항아리와 흙 그릇이 나왔다. 나는 값비싼 물건인 양 보관하고 있다. 언젠가 이보다 더 귀한 보물들이 쏟아져 나오리라.

아니, 보물이 어찌 그것뿐일까. 부모님의 땀과 정성이 담긴 보물들, 사과와 곡식, 채소들이 쏟아져 나오고 있다. 봄이면 분홍색 도화꽃과 하얀 사과꽃이 피고, 진달래, 철쭉, 할미꽃 이름도 알 수 없는 온갖 꽃들이 피어 벌과 나비를 유혹한다. 봄이면 개울물 흐르는 소리, 여름이면 매미 우는 소리가 요란하다. 가을이면 부엉이 소리, 두견새와 꿩이 짝을 구하는 소리가 들려온다.

심한 가뭄으로 땅이 메말라도 과수원 위의 산에서는 맑은 물이 흘러내린다. 농사에도 식수로도 사용한다. 쉼 없이 흐르는 도랑에는 돈나물 산나물 산가재가 살고 있어 가끔 아버지와 나, 아들 3대가 어린아이모양 산 가재를 잡는다.

50년 전, 깊은 산골짜기에 동네 소들을 몰아넣고 아이들과 함께 뛰놀던 언덕, 선착순하며 달려가던 산등선과 바위들은 옛 모습 그대로이다. 땔나무를 하러 다니고, 소 몰고 다녔던 꼬불랑 산길은 승용차가 다니는 시멘트 포장길로 바뀌었다. 산나물, 국수버섯, 송이버섯이 나고, 노루, 멧돼지, 토끼, 꿩, 까치들이 배고프면 내려와서 배를 채우는 곳.

산을 밭으로, 밭을 과수원으로 일구어낸 부모님의 개척 정신이 살아 있는 곳. 농사 정책이 수시로 변하고, 농산물의 가격이 폭락해도 불평 없이 가족을 부양하고 땅을 일구어 오신 부모님의 노고가 스며있는 곳. 땀 흘린 대가만을 구하며, 무無에서 유有를 창조하신 부모님의 땀이 그곳에 있었다.

지금은 다른 사람이 농사를 짓고 있으나 그냥 지나칠 수 없는 곳. 더욱 일구어 옥토로 발전시켜야 할 땅. 그 소중한 땅을 바라보면 많은 추억과 생각에 잠긴다.

그 시절의 등하굣길

초등시절, 내가 다니던 학교는 집에서 십 리나 떨어져 있었다. 아침 식사를 마친 아이들은 마을회관에 모여 마을 깃발을 앞세우고 줄지어 학교로 향한다. 연기 나는 굴뚝을 뒤로하고 좁은 마을길이 끝나면 징검다리 개울을 건너 넓은 신작로로 접어든다. 길을 걷다 간혹 구호도 붙이고 노래도 부른다. 가로수에 붙어있는 장수벌레는 달리기를 잘했던 나의 차지가 되기도 하였다.

지루한 수업이 끝나면 또다시 머나먼 귀갓길이 시작된다. 아침 등굣길은 아이들 모두가 줄을 맞추어 가야 하나, 하굣길은 또래 아이들끼리만 해서 재미가 있다.

무더운 여름, 이마와 등은 땀으로 흠뻑 젖는다. 조금 걷다 나무 그늘 아래에서 쉬어 가고 또 쉬어 간다. 다른 아이보다 앞서간 아이들은 뒤처진 친구들을 놀려주기도 한다. 어쩌다 버스나 트럭이 지나갈 때면 뿌연 흙먼지를 피하려고 도망치기도 한다. 어느 때는 높은 산중턱에 숨어 지나가는 여자아이들이나 저학년 아이들에게 흙모래를 뿌려 산도깨비 흉내를 내어 놀래주기도 했다.

걷는 것이 힘들고 지루하면 나무 그늘에 모여 버들피리를 만들어 불고 매미도 잡고 땅따먹기도 한다. 그래도 더위를 참지 못하면 옷을 훌렁 벗고 냇물에 풍덩 뛰어든다. 물고기도 잡고 수영도 하고 물놀이를 한다. 이런저런 놀이로 배가 고프면 다시 귀갓길이 시작된다. 우연히 같은 동네로 향하는 소달구지를 만나면 그날의 귀갓길은 행운의 날이었다.

겨울에는 눈보라에 볼이 에이고 눈구덩이에 발이 푹푹 빠진다. 수업을 마치고 귀가하는 때는 점심시간이 지났기에 배가 꼬르륵 소리를 낸다. 아침 등굣길에 얼음장 밑이나 땅속에 숨겨 둔 고구마를 찾아내 먹는다. 빨갛게 언 생고구마가 얼마나 달고 맛이 좋은지!

여름철 하굣길에서 걱정거리는 장대비가 내리는 날이다. 강물이 불어나 거센 황토물로 변해 아이들을 삼키려고 하기 때문이다. 선생님은 아이들에게 시냇물을 조심하라고 당부하신다. 특히, 우리 동네의 아이들에게는 절대로 혼자서 시냇물을 건너지 말라고 하셨다.

거센 물살에 떠내려갈까 아이들은 서로 손을 잡고 냇물을 건넜고,

어떤 날에는 동네 어른들이 미리 물 건너와 아이들을 기다리고 있었다. 나무 다리 위를 건너가다 세차게 흐르는 물살에 어지러워 더 나가지도 못하고 물러서지도 못해 다리 위에서 덜덜 떨기만 하는 아이도 있었다.

이런저런 이유로 내 초등학교 시절의 소원 중의 하나는 우리 집이 학교 근처로 이사하는 것이었다. 학교 근처에 사는 친구들의 등하교는 쉽고 간단하였다. 방과 후 학교 운동장에서 놀 수 있는 것도 부러웠다. 그러나 그 옛날, 머나먼 등하굣길은 나에게 많은 추억을 남겼고 건강한 신체와 강인한 정신도 심어 주었으리라.

40년이 지난 지금, 시골 초등학생들의 귀갓길은 모두가 자동차요. 흙먼지 내뿜던 꼬불꼬불했던 자갈길은 쭉쭉 뻗은 아스팔트로 변하였다. 돌다리와 나무 다리는 웅장한 콘크리트 다리로 바뀌었다. 세차게 흐르던 강의 물줄기는 힘을 잃었고, 말라버린 강바닥은 비만 내리기를 기다린다.

아직도 내 가슴에는 그 옛날의 강물이 흐르고 있는데, 강에서 놀고 있는 아이들은 볼 수 없다. 옛날이나 지금이나 변해가는 모습을 말없이 지켜보는 고향 산천의 초목은 강물이 마를까 상처받고 사라질까 언제나 걱정이다.

토끼탕

겨울방학 기간에 시골집에 갔더니 어떤 분이 방목으로 키운 토끼 고기를 두고 가셨다. 어머니가 돌아가신 후, 혼자 계시는 아버지께 사람들이 간혹 술이나 음식을 갖다 준다. 고마운 일이다.

"여보, 아버지께 토끼탕 해드리지." 집토끼와 산토끼도 구분할 줄도 모르는 아내는 그 예쁘고 귀여운 토끼를 먹는다는 사실에 의아해한다. 토끼 요리를 해본 적이 없는 아내는 어떻게 요리를 할지 고민이 시작되었다.

인터넷에서 배워 조리한 토끼탕이 그런대로 맛이 있다. 뼈가 단단하고 질기고 고기 살은 많지 않으나 매콤 개운하다. 그 옛날 할머니와 어머니께서 해주신 그 맛은 아니지만 비슷한 맛이다.

옛날 임금님이 먹었다는 토끼탕. 생각만 해도 군침이 솟는다. 토끼탕은 겨울철의 별미 중의 별미이다. 예로부터 토끼고기는 용왕이 치료약으로 찾을 만큼 효능이 뛰어난 것으로 알려져 있다.

내가 어린 시절이었던 1970년대엔 먹을 것이 풍부하지 못하였다. 오늘날과 같이 공장식이나 집약식 가축 농장이 없었기에 고기 먹기가 쉽지 않았다. 집에서 키운 가금류 정도였다. 강의 물고기와 산과 들의 산짐승을 잡아먹었기에 원시인들의 수렵 생활과 같았다.

눈이 수북하게 쌓인 날, 시골 어른들은 동네 아이들을 모이게 한다. 아이들을 토끼가 있을 법한 산으로 데려가 그 추운 산꼭대기에 줄을 세운 후, 신호에 맞추어 일제히 와~ 하며 산 아래로 내려오게 한다.

나무 밑이나 땅굴 속에서 쉬고 있던 산토끼가 사람들의 고함에 놀라 뛰쳐나온다. 산 위로 도망가고 싶지만 토끼몰이를 하는 사람들 때문에 산 위로는 갈 수 없다. 아래로 도망치려 하나, 토끼는 원래 앞발이 짧고 뒷발이 길어 아래로는 잘 뛰지 못하는 데다 눈까지 쌓여 있어 고스란히 사람들에게 잡힌다.

여러 사람이 힘을 모아 잡은 산토끼. 산토끼로 요리한 맛있는 토끼탕을 아이들은 맛볼 수 없었다. 그래도 아이들은 불평 없이 신이 났고 즐거운 시간이었다. 현명하셨던 나의 할아버지와 아버지는 이런 방법이 아닌 올가미로 잡고 집에서 토끼를 키워 가끔 토끼고기를 맛보였다. 입맛이 살아나고 힘이 솟았다.

하지만 몸에 좋다는 음식도 지나치면 해로운 법. 좋은 음식도 양면성이 있는 법. 많이 먹는다고 좋은 건 아니다. 아무리 토끼탕이 맛있고 귀한들 지나치게 먹으면 해가 된다.

“토끼고기는 성질이 차고 맵고 독이 없는 약재로 갈증을 치료하고 비장를 튼튼하게 하나, 성질이 서늘하여 많이 먹으면 원기를 상하고 혈맥이 끊어지며 성욕이 약해지고 얼굴이 누렇게 되면서 윤기가 없어질 수 있기” 때문이다.

아내가 요리한 토끼탕을 먹으며 옛 추억에 빠진다. 눈 쌓인 산에서 동네 아이들과 산토끼를 쫓는다. 집 뒤 안에서 키우는 토끼에게 풀을 먹이며 토끼의 빠르고 영특함을 배운다. 토끼의 예쁜 모습과 고고함을 지켜보고, 사람을 두려워하는 토끼의 동그란 두 눈도 지켜본다.

나의 학교생활

초등시절, 학교 건물을 공사하는 동안 우리 반은 시골 동네의 작은 동사무소에서 1년간 수업을 한 적이 있었다. 수업을 하다가도 지붕 위에 날아가는 비행기를 쳐다보았고, 비행기에서 뿌리는 인쇄물을 주우려고 들판을 뛰어다녔다. 뱀을 키우는 집으로 몰려가 잡은 개구리와 메뚜기를 뱀 우리 안에 던져 주었다. 나뭇가지와 천장, 땅바닥에 뱀들이 뭉쳐 있었고 뱀이 기어 다니는 모습에 소름이 끼치도록 무서웠고 신기하기도 하였다.

비 내리는 날, 우산도 쓰지 않고 교복의 깃을 세우며 무척 멋을 부렸던 때는 중학교 시절이었다. 까만 교복에 딱딱한 모자를 눌러 쓰고 통학 버스에서 눈이 마주친 여학생 때문에 가슴이 두근거렸다. 그림 그리기가 싫어 야외 수업 중 도망갔다가 선생님에게 엉덩이가 멍이 들도록 매를 맞았고 친구와 싸움을 하다 혼이 났던 일도 있었다. 교복을 입은 단발머리의 여학생을 좋아했으나 말도 걸지 못하였다.

고교 시절, 명륜반에서 동아리 활동을 한 계기로 "성실한 것은 사물의 시작이요 끝이니 성실하지 않으면 사물이 없다 誠者物之終始, 不誠無物."라는 글을 접한 후부터 모든 일에 열심히 하기로 작정하였다.

대학에 입학해서는 영어회화 동아리에도 가입하였고, 전공 공부를 충실히 하고자 실험실 생활도 하였다. 군에 입대해서는 운 좋게도 사무실 근무를 하면서 틈틈이 영어 공부를 할 수 있었다.

복학을 해서 학교 근처에 살면서 캠퍼스 내에서 보기 드문 자전거 통학생이 되었다. 아침 일찍 도서관에 입실하고 밤늦게 퇴실하는 학구파의 일원이 되기도 하였다. 민주화의 함성이 울려 퍼지고 캠퍼스마저 최루탄 가스로 자욱하여 실험실과 도서실에 앉아 있을 수 없어 민주화 대열에서 절규했던 적도 있었다.

부족함을 채우고자 배우기를 즐기면서 최선을 다하는 것에 만족하였다. 진학을 하고자 했지 취직하고자 했던 적이 없어 계속 공부를 한 덕분에 지금도 학교에서 생활하고 있다. 학생을 지도하고 가르칠 때, 상대가 받아들이고 노력하고 변해 가는 모습을 볼 때 보람과 행복을 느낀다.

나는 자신에게 그리고 학생들에게도 "학문을 하는 사람은 반드시 성심으로 하고 세속의 잡사에 뜻이 흔들리지 않아야 학문의 기초가 이루어진다."는 것을 강조한다. "학문은 무릇 어두운 방에서도 거짓됨이 없어야한다 學,始於不欺暗室.", "참된 것은 하늘의 도리이고 참되려고 노력하는 것은 사람의 도리이다 誠者天之道也, 誠之者人之道也."라는 성현의 말씀을 되새기곤 한다.

고향을 묻지 마세요

내가 태어난 곳은 경상남도 거창이다. 전북, 경북, 경남이 만나고, 덕유산, 지리산, 가야산이 만나는 곳이다. 여름에는 피서객으로 겨울이면 스키어들로 북적거린다. 어린 시절, 여름에는 물놀이로, 겨울이면 썰매놀이로 하루를 보냈다.

대학 생활은 부산에서 보냈다. 동래산성과 범어사로 야유회를 다녔고, 광안리와 해운대에서 부산 갈매기를 볼 수 있었다. 용두산 공원과 남포동에서 뱃고동 소리와 자갈치 아줌마의 고함소리도 들을 수 있었다.

한일 간 독도 문제가 최고조에 달했던 시기에 일본에서 유학 생활을 시작하였다. 일본 학생들과 좁은 배에서 먹고 자고, 대중탕에 함께 가기도 했었다. 간혹 일본 민간인과도 교류하였다. 그들은 맡은 일에 충실하면서 불평불만이 없어 보였다. 정직, 청결, 친절한 모습을 볼 수 있었다. 한국에서 뉴스로만 보고 들었던 일본인의 모습과는 차이가 있었다.

직장이 결정되어 전라남도 목포로 이사를 했다. 주변 사람들은 이사하는 것을 걱정했으나 나는 걱정하지 않았다. 인정해주고 격려해주던 몇몇 직장 선배들 때문이었을까 즐거웠고 행복하였다.

나이 50을 넘어서니 주변 사람들이 학연과 지연을 따졌다. 특히, 직책과 직위에 있어서 더 심했다. “왜 이곳에서 살고 있나?” “계속해서 여기서 살아야 하나?” 나의 존재감이나 능력마저 의심하면서 인간 관계와 직장 생활에서 고민이 시작되었다. 넘을 수 없는 벽 앞에서 자신을 돌아보게 되었다.

경치 좋고, 인심 좋고, 맛 좋은 곳이 목포요 광주다. 아이들의 입에서 전라도 사투리가 들려오고, 나도 모르게 목포 사투리가 튀어나온다. 정이 들면 고향이라! 했는데.

사람들은 묻는다. “이쪽 사람이 아니네요? 경상도 사람이죠? 어디서 왔어요? 어디 사세요?” 나는 “여기 살고 있습니다. 22년 이상 살고 있는디요~.” 방문객이 아니라 현지인이라고 답한다. 고향 친구들은 “타향에서 고생 많제?” “전라도에서 마음고생이 크겠네!” 괜한 걱정을 해준다. 그 걱정이 나를 슬프게 한다.

2015년, 나는 보수성이 강하다는 미국의 동부 버지니아주에서 1

년간 연수 생활을 하였다. 평소 생각했던 것보다는 미국인들의 개인적인 모습에 놀랐다. 한편 기다림과 양보, 배려, 안전, 질서, 강한 애국심을 볼 수 있었다. 특히, 자동차를 포함한 물품이 다양하고 여러 인종이 살아가고 있었다.

"생태계는 다양하면 다양할수록 안정되고 발전한다. 다양한 꽃들이 모여 아름다운 정원을 만든다. 단일 수종만으로는 숲을 이룰 수 없다."는 말이 실감되었다.

국제 사회에서 미국이 강력한 힘을 발휘하는 것은 다양성을 수용하고 개성과 능력을 인정하기 때문일 것이다. 문화적 융통성과 다원주의가 오늘날 미국이 서구 문명을 이끌어 가는 원동력이 되고 있다. 힘은 같은 사람들에서 보다 다양한 사람들로부터 나오기 때문이다.

우리는 오랜 세월 동안 한 가지 모양으로 살아왔다. 다양성이나 복합성에 익숙하지 않다. 심지어 순수성과 동질성을 강조하다 보니 획일성까지 더해져 이질적인 것을 혼란스럽다고 여긴다.

자기 지역 사람, 같은 동문이면 OK. 안 되는 일도 가능하게 하고, 공과 사를 구분하지 못하는 행동들. "왜 지역 발전이 안 될까?" "왜 나라가 더 이상 나아가지 못하지?" 답답해 한다.

사람의 능력과 가치는 어디서 태어났는가를 따지기에 앞서, 어디서 어떻게 살아가고 있는지가 더 중요하지 않을까.

태어난 곳은 과거요, 지금 살고 있는 곳은 현실이니, 더 이상 고향을 묻지 말자!

나의 시골집

도시에서 아파트 생활을 하다가 잠시 시골집에서 지내면 불편함을 느낀다. 나의 시골집은 지대가 높은 산악 지역으로 몹시 추워 한겨울에는 수돗물과 화장실의 물까지 얼어붙는 때가 종종 있기 때문이다.

따뜻한 남쪽 지역에 살다가 시골에 머물면 시골집의 구조와 기능에 한층 추위를 느낀다. 나는 어릴 적 시골생활 경험이 있기에 잠깐의 추위는 참고 견딘다. 하지만 시골 생활의 경험이 없는 아내와 아이들은 힘들어한다.

최근에 별장이나 펜션이 많이 보이고, 시골 동네에도 새집이 들어서고 있다. 나이가 들고 정년이 다가오면 공기 좋고 경치 좋은 곳에 멋진 집을 짓고 생활하는 것이 로망이요, 전원주택에 살고 싶은 것이 꿈이 아닌가.

시골 동네 어른들은 나에게 "부모님께 새집을 지어주지."라고 말한다. 그래! 나도 이참에 부모님께 새집을 지어 드려야지! 그런데 헌집은 어떻게 하지? 새집을 짓는다면 어느 크기로, 어떻게, 얼마의 비용으로 지어야 할까? 고민이 시작되었다.

현재의 건물도 오래전에 이중벽으로 하고 실내 화장실과 함께 내부 구조를 수리했기 때문에 그런대로 사용 가능한 상태이다. 그런데도 불구하고 대대로 살아오던 집을 뜯어 없애고 새집을 지으라고 권하는 이유는 무엇일까. 그냥 해보는 말이겠지. 돈 있으면 새집 지워보지! 무심코 던진 말이겠지.

부모님과 의논한 결과, 현재의 집을 수리하기로 하였다. 증조할아버지 때부터 살아오던 한옥을 잘 수리해서 보존해야지! 내가 어릴 적 놀던 마루, 천장, 섬틀 등을 그대로 보존하고 싶었다.

우선 집을 수리할 사람을 모색하였다. 집수리할 사람에게 집 천장이나 벽을 해체 후 보존할 만하면 그대로 보존을 하고, 많이 손상된 부분은 리모델링 공사를 하자고 제안하였다.

집수리 공사가 시작되었다. 어릴 적 건물 상태 그대로 보존되어 있을까 궁금하였는데 뜯어보니 옛 모습 그대로였다. 다행히 니스칠만 해서 보존 공사가 이루어졌다. 덤으로 온돌방도 만들었다. 계획이 없었던 진입로 공사와 집 뒤꼍 정리와 함께 창고도 만들었다.

집수리뿐만 아니라 나무도 심고 주변 공사까지 한 덕분에 호화로운 별장 수준은 못 되어도 그럴듯한 주택으로 탈바꿈하였다.

모든 것이 새 것이 좋을까? 시골 마을에 철근이나 콘크리트로 새 집을 짓는 것이 좋았을까? 처음에는 튼튼해 보이던 콘크리트 집도 금이 가고 물이 새는 집도 있다. 새집도 시간이 지나면 헌집이 될 것이다. 시골에 흉물스럽게 높은 아파트가 들어서고 국적을 알 수 없는 형태의 집들도 들어서고 있다. 높낮이와 색상이 맞지 않고, 주변 환경과 조화롭지 않는 집들도 건립된다.

큰돈 들이지 않고 살아오던 집을 수리해서 이제는 생활하는 데 불편함이 없다. 조상 대대로 살아오던 집이라 아득하고 정이 느껴진다. 나로서 4대째이다. 앞으로 5대, 6대까지 거뜬히 살아가리라.

오랜만에 시골에 가면 서로 온돌방을 차지하려고 경쟁이 붙는다. 온돌방에 누으면 등짝이 따뜻하여 온몸에 쌓여 있던 피로가 풀린다. 시골의 향수와 한옥의 멋이 느껴진다.

오늘도 나는 아궁이에 장작불을 지핀다. 뜨거운 불이 활활 타오른다.

우리 마을 이장님

「이장과 군수」라는 영화를 본 적이 있다. 한적한 충청도의 산골 마을에서 이장과 군수 사이에 펼쳐지는 내용이다.

어린 시절에 잘나갔던 반장아이는 어른이 되어 얼떨결에 이장이 되었고, 콧물 흘리며 반장을 따르던 아이는 군수로 당선되면서 영화는 시작된다.

이장은 어린 시절의 기억과 자존심을 내세우고, 신임 군수가 추진하는 사업에 딴지를 걸고 방해한다. 의욕적이고 청렴한 군수와 단순하고 저돌적인 성격의 이장과 사이에 대립과 충돌이 발생한다. 코믹한 장면으로 폭소를 자아낸다.

서로 격렬하게 싸우다가 좌충우돌, 고군분투하던 이장이 늦게 서야 사회의 부조리와 모순에 눈떠 군수의 진심을 알고서는 옛 친구인 군수를 도우려고 하나, 친구는 이미 자진해서 군수직을 내려놓고 보통사람으로 돌아온다. 결국 둘은 동심으로 돌아가 우정 어린 친구가 되는 것으로 영화는 끝난다.

실제의 우리 사회에서는 이 영화의 내용과는 다른 모습이다. 같은 지역의 선후배가, 같은 동창끼리 군수직이나 국회의원으로 끝없이 경쟁하고 싸우는 모습을 자주 보기 때문이다.

나의 시골 동네는 3개 마을이 한 동네로 운영되고 있기에 이장의 업무가 다른 마을보다 복잡하고 힘이 든다. 어느 지역에서든 예전에는 이장의 인기는 없었다. 이장은 심부름하고 고생하는 사람으로 여겼다. 자신의 농사일도 바쁜데 마을의 이런저런 일까지 처리해야 했기 때문이었다. 마을의 공적인 일뿐만 아니라 크고 작은 동네일까지 신경을 쓰고 해결해야 했었다.

이장이 하는 업무에 비해 이장을 바라보는 시선이나 보수는 만족스럽지 못하였다. 좀처럼 이장을 하고자 하는 사람이 나타나지 않았기에 한번 이장직을 맡으면 싫든 좋든 계속 이장직을 맡아야 했었다.

이제는 마을 이장의 인기가 나아졌다. 오래전에 지방자치제가 시행되었고, 시골에까지 인터넷이 연결되었다. 그뿐만 아니라 모두가 자동차를 갖게 되었다. 사회, 경제가 나아지자 이장의 지위도 나아졌고, 업무도 수월해졌기 때문이다.

정치인과 공무원들이 이장을 대하는 태도 또한 달라졌다. 군, 읍, 면 직원들이 이장들에게 긴밀한 협조를 구하고 있다. 특히, FDA 체결 이후, 농어촌 지원사업들이 증가하였다. 마을의 도로 공사, 하천 공사, 수도 공사와 같은 여러 공사에서 이장의 역할이 중요하게 되었다. 최근에는 도시와 농촌 간 교류가 활성화되고, 농어촌으로 이주하는 사람들도 증가하고 있다. 주민설명회, 주민공청회 등 주민들의 의견 수렴과 정보의 전달이 빈번해지고, 이장의 보수도 개선되었다.

나의 시골 동네에서는 올해 처음으로 선거다운 선거를 통해 마을 이장이 선출되었다. 젊고 유능한 분이 이장으로 당선된 것이다. 시골 친구의 형님이 이장으로 선출되었다. 당선된 이장의 능력과 의지가 예전 같지 않다. 새로운 이장이 더 좋은 마을로 발전시켜 주기를 기대하고 있다. 치열한 경쟁을 통해 선출되었기에 이장을 대하는 시선도 달라졌다. 나는 가끔 시골에 갈 때 마을 이장님에게 소식도 전하고, 마을 발전을 위한 건의도 드린다.

시골 마을에도 힘 있는 국회의원과 좋은 군수님이 필요할 것이다. 하지만, 시골 사람들에게 당장 필요한 것은 유능하고 친절한 마을 이장이 아닐까. 지금 우리 마을에 친절하고 유능한 젊은 이장님이 활동하고 계시니 앞으로 우리 마을의 모습이 확 달라질 것으로 예상된다.

오래전 어느 시골 마을의 이장이 군수가 되었고, 도지사가 된 후,

지금은 정치인으로 활동하고 있다. 우리 시골 마을의 이장님도 군수와 도지사로 발전하여 유명한 정치인으로까지 발전하기를 기대하여 본다.

학리 이장님 파이팅!

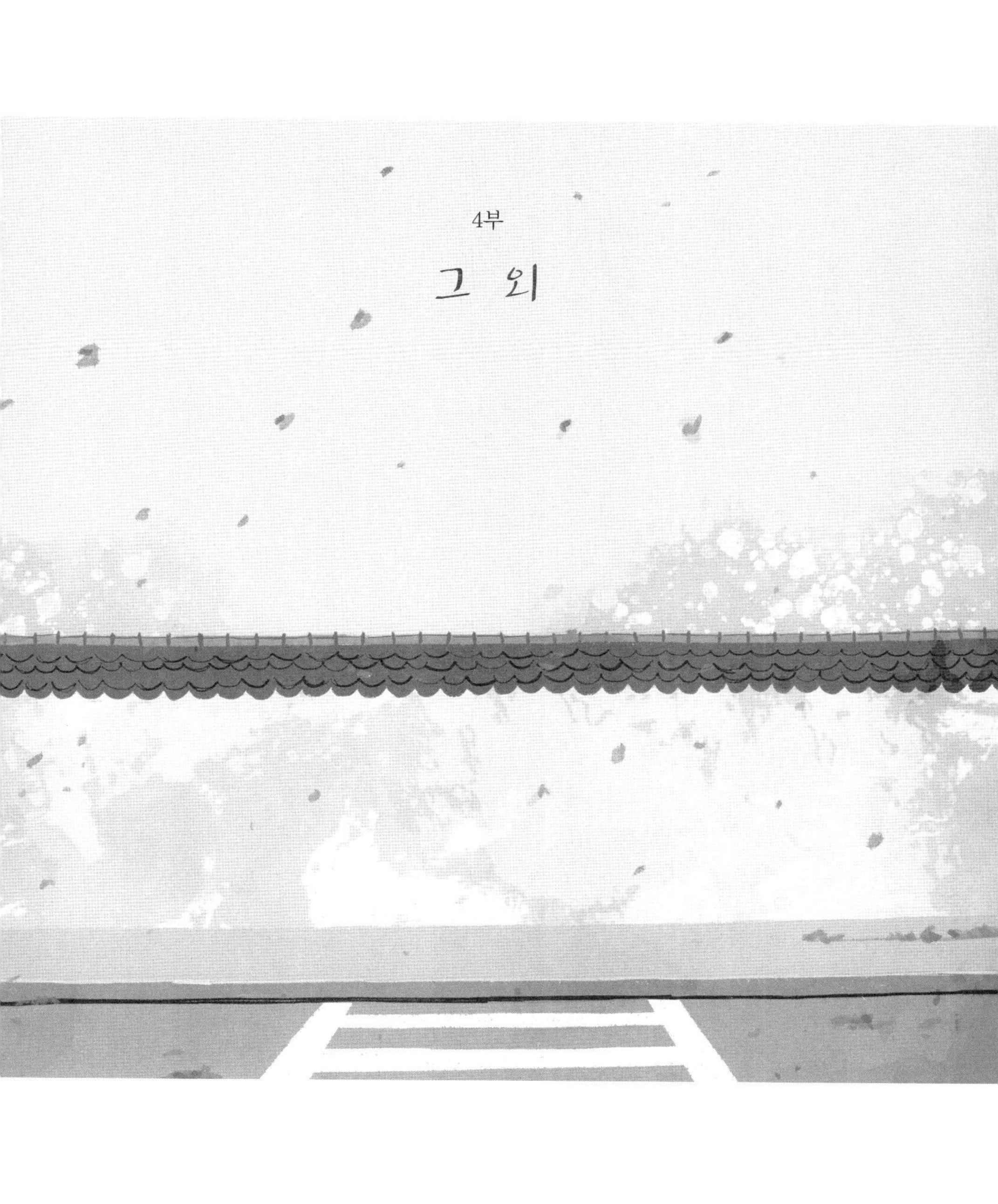

4부

그 외

짧은 인연

바쁜 시간에도 한가한 시간에도, 잠자리에서도 생각나는 사람이 있고, 기억나는 사연이 있다.

지금부터 36년 전, 시골에서 고등학교를 졸업하고 부산의 친척집에서 대학생활을 시작하였다. 나는 대학 새내기였고, 그녀는 고등학교를 막 시작하는 여고생이었다. 그녀는 친척집 딸의 친구로 근처에 살면서 자주 놀러 왔었다. 처음에는 별다른 감정 없이 지냈다.

시간이 지나자 주변 사람들이 진담인지 농담인지 "둘이 잘 어울리겠다. △△가 예쁘고 착하니 잘 대해 줘라! 사귀어 보지 그래?" 하면서 분위기를 돋웠다. 당시 나는 여대생을 만날 기회도 없었고, 여자친구도 없었지만, 건강한 스무 살 청년이었기에 점차 이상야릇

한 감정이 싹트기 시작했다. 점점 그녀가 달리 보였다.

갸름한 얼굴, 하얀 피부, 초롱초롱한 눈매로 영화 속의 잉글리드 버그만 같았다. 빛나는 보석처럼 보였다. 사귀고 싶었으나 행동으로 옮기지 못하고 가슴만 두근거렸다. 아직 여고생인데, 한창 대학 입시 준비에 열중하고 있는데, 친척들이 지켜보고 있는데….

당시의 집안 분위기와 사회적 분위기는 남녀가 쉽게 사귈 수 있는 상황이 아니었다. 나 또한 시골풍이었고, 용기와 여유도 없었다. 도전성과 성취욕도 부족하였다. 아니 이기심보다는 배려를 우선했을까, 속만 태우면서 아무런 표현도 못하고 인사만 나눌 뿐이었다.

라면을 끓여 주었던 일, 비 내리는 밤 우산을 받쳐주면서 집 근처까지 데려다 준 것과 졸업식 때 친구를 통해 선물을 했던 것이 전부였다. 관심이 있으면서도 없는 척. 뜸을 들이는 사이 시간은 2년이 훌쩍 지나 나는 친척집을 나왔다.

만날 기회가 없었기에 그녀가 생각날 때면, 집 근처의 버스 정류장에서 서성거렸다. 비 내리는 날이면 더욱 보고 싶어 막차가 끊어질 때까지 기다렸다 돌아서곤 하였다. 전화번호도 몰랐었고, 핸드폰도 없었던 시절이었다. 내가 기다렸다는 사실조차 몰랐을 것이다. 만나지도 못했지만 기다림을 후회했던 적은 없었다.

'대학생이 되면 사귀어야지.' 혼자서만 애를 태우는 사이 시간은 쉼 없이 흘러갔다. 얼마 후, 나는 군에 입대하였다. 그녀의 생각이 간절했지만, 주소를 몰라 편지도 할 수 없었다. 휴가 중에 친구를 통해 연락을 하였더니 아침 등굣길에 대학생의 모습으로 나타났다. 긴 대화를 나누지도 못한 채 잠깐 동행한 것이 전부였다.

군 복무를 하면서 '군 제대 이후에도 계속해서 그녀를 좋아하는 감정이 지속된다면 사귀어야지. 기회를 봐서 고백해야지.' 그런데 군 제대를 했을 때, 그녀에게 남자친구가 있다는 사실을 알게 되었다.

시간은 또 흘러갔다.

대학원 시절, 친척집에 갔을 때 우연히 그녀를 만났다. "오래전에 너를 좋아했었다고, 추억은 추억으로 남기고 싶다." 고백을 하고 돌아서면서 둘의 인연은 끝난 것으로 여겼다.

다시 33년의 시간이 흐른 며칠 전, 친척 어른께서 세상을 떠나 문상을 갔었다. 문상이 끝나고 그녀의 친구로부터 그녀의 연락처와 소식을 전해 들었다. 미국과 중국에서 오랫동안 살아오다 최근에 서울에 살고 있다고 알려 주었다.

지금까지 살아왔던 것처럼 살아가야지! 이룰 수 없는 인연이었기에 무관심해야겠지. 지금 만난다고 해서 달라질 게 뭐가 있을까. 젊은 시절 잠깐의 만남이었기에 영영 연락이 안 되었을 수도 있을 것이다. 그래도 더 나이 들어 소식을 알게 된 것보다 다행이다 싶었다. 이제는 서로가 지나치더라도 알아보지도 못할 사람들이건만.

한참을 망설이다가 전화를 걸었다. 그녀는 반갑게 대해주었다. 가슴이 뛰고 흥분되었다. 사람을 대하는 모습과 목소리는 예전 그대로였다. 심지어 먼저 "미안했었다."고 하였다. 사실은 나도 미안했었는데! 그녀의 미안했었다는 말 한마디가 나의 가슴 속 응어리를 녹여주었다. 서로 만나자고 약속을 하였다.

며칠 후, 그녀로부터 전화가 걸려 왔다. 만나지 말자고. 안 만나는 것이 좋겠다고. 자신은 지금 여고생이 아니고, 보통의 아줌마라고 하였다. 만남의 기대에 부풀어 있던 나는 잠시 멍했다. 무엇을 얻으려다 잃은 것처럼, 무엇을 하려다가 할 수 없게 된 기분이었다.

만나자고 떼를 쓰고 싶었으나 언제나 그랬던 것처럼, 전적으로 그녀의 입장과 그녀의 의견을 존중해 주었다. 억지로 인연을 만들고 싶지 않았다. 예전의 모습을 조금이라도 손상하고 싶지 않았다. 결국 추억은 추억으로 남는구나.

남녀 사이에 사랑을 이루지 못했다고 해서, 지금도 앞으로도 만나지 못한다고 해서 의미가 없는 것일까. 이루지 못한 사랑이었기에 소용없는 만남이었을까. 다하지 못한 말과 여운이 아직도 남아 있는데. 어느 순간은 뚜렷하게, 어느 때엔 희미한 모습으로 남아 있는데!

살기 위해 먹느냐? 먹기 위해 사느냐?

주말이나 휴일 식사 때가 되면 아내는 " 뭘 먹지?" 고민한다. 식사를 챙겨야 하기 때문이다. 세끼 밥을 주장하던 나도 이젠 가끔 빵을 먹으며 한끼 밥을 생략하기도 한다.

나는 군것질은 좋아하지 않으나 삼시세끼는 맛있게 먹는다. 그런데 조금 전 식사가 끝났는가 싶은데 또 밥 때가 다가온다. 먹고 먹는 것에 구속되어 있다. 마치 식충이 같다. 참으로 주방 일을 책임지지 않는 것이 다행이구나. 남자로 태어난 것이 천만다행이다 하면서 가끔 앞치마를 두르기도 한다.

살기 위해 먹느냐? 먹기 위해 사느냐? 는 제쳐두고 우리는 언제나 먹으며 살아간다. 생리적으로 습관적으로 먹는다. 당연, 살기 위해서 먹어야 하거늘. 어떤 사람은 더 좋은 먹을거리를 위해 일을 하고, 어떤 이는 풍족함에도 일을 하며 먹을거리에 고민한다. 음식에 투자하고 먹는 것에 집착할 때 먹기 위해 살아가나? 싶을 때가 있다.

먹는 것이 아닌 것에 가치를 두고 의미 있게 살아갈 때 먹는 것은 단지 살아가는 수단에 불구하다. 그렇다고 아무것이나 먹으며 살아갈 수는 없다. 덜 행복하고 덜 즐겁기 때문이다. 어쩔 수 없이 먹어야 한다면 가능한 맛있게 즐겁게 먹어야 하지 않을까. 그렇다고 또 무엇을 먹어야 할지 고민하고 먹을거리에 구속된다면 불행하게도 먹기 위해 살아가는 것에 빠진다.

"살기 위해서 먹어야 한다." 는 명제하에 인간도 동물이기에 "먹기 위해서 살아간다."라고 하는 것은 궤변이다. 삶의 가치를 모르고 단순히 먹기 위해 살아간다면 사람도 단순한 동물에 지나지 않기 때문이다.

나는 의식주 중 먹는 것에 더 신경을 쓴다. 둘 이상 모이면 더 고민한다. 행사를 준비한다든지 손님과 함께할 때는 더하다. 좋은 음식과 맛있는 음식을 먹는 것도 건강하고 즐겁게 살아가는 방법 중의 하나이다.

시간이 지나면 사람도 노쇠해지고 힘이 약해지는 것은 당연지사. 생명의 조화와 자연의 순리에 순응하지 않고 조금이라도 더 강하게 조금이라도 더 오래 살고자 갖은 애를 쓴다. 그 방법의 하나로 보약이나 스태미나 음식에 의지하는 사람이 있다.

원료나 출처, 유통과 판매, 관리감독과 책임이 불명확하고 조리법이나 섭취량도 모르는 채 무조건 좋다고 비싸다고 과연 몸에 좋을까. 심지어는 건강상태가 정상인데도 보약을 챙겨 먹는다. 정상적인 몸에 정체불명의 음식이나 칼로리가 높은 음식을 다량 섭취하기도 한다.

세끼 밥이 약이라고 생각하는 나는 고개가 갸우뚱해진다. 삶의 방식이나 만족을 느끼는 방법은 각자 다르다. 그래서일까. 나는 오늘도 무엇을 먹을까 고민하고 망설인다.

살아가는 모습

어렸을 적, 좁은 집에서도 3대가 함께 살았다. 최근에는 한 세대 가정이나 미혼자가 늘고 있다. 자녀를 갖지 못하거나 일부러 갖지 않는 부부도 있어 둘 이상의 자녀를 가진 집이 신기하고 부럽기도 하다. 출산율이 낮은 이 시대에 그들이 진정한 애국자이다.

최근 25년 사이, 1인 가구 수가 무려 5배나 늘어났다고 하니, 4가구 중 한 곳이 1인 가구인 셈이다. 혼술, 혼밥, 혼자 여행을 즐기는 '혼행'이라는 신조어가 생겨났다. 미니 냉장고와 1인용 전기밥솥의 판매가 증가되고, 소포장 상품들이 진열되어 있다. 한때 전성기를 누렸던 패밀리 레스토랑은 내리막길을 걷고, 대신 반려견이나 애완동물을 키우는 사람들이 늘고 있다.

그립고 사랑하던 사람이 옆에 있어도 외롭고 허전함을 느끼는 것이 사람이니 인생은 결국 홀로 살아가는 것일까. 때로는 혼자일 때 강인한 모습을 보이기도 한다. 하지만 어울리면서 살아가야 하지 않을까. "혼인을 해서 가족을 이루는 것이 하늘의 이치에 순응하고 인정을 따르는 것順天地之理 合人情之宣"이라고 했는데.

핵가족이 늘어가면서 지나친 개인주의와 이기주의가 나타나고 있다. 경쟁마저 더해지고 있다. 성장과 발전을 위해 때로는 통치 수단으로 경쟁을 부추긴다. 학교에서는 학생들을 순위와 등급으로 매긴다. 직장에서는 경쟁과 성과를 통해서 월급이 지급된다. 경쟁이 우선이고 협력과 배려가 부족하니 마음 아픈 사건이나 이상한 행동들이 나타나고 있다.

경쟁에서 밀려 좌절하고 삶을 포기하는 사람마저 생긴다. 최근 우리나라의 자살률이 OECD 회원국의 평균치 두 배를 넘고 있다. 빨리빨리 급하게 생활하다 보니 많은 사람이 교통사고와 재해로 다치고 목숨을 잃는다. 공공장소에서 몸을 밀치고 지나치고, 줄지어 있는데 끼어든다. 주변 사람들이 보이지 않고 자신만이 있을 뿐이다. 마치 우리 사회가 시합이나 전쟁을 치르고 있는 착각에 빠질 정도이다.

이전보다 풍요롭게 살아가고 있지만, 비교하고 기대심리가 높아지고 있다. 한때의 직위나 직책은 끝나도 계속된다. 예를 들면 한번 사장님은 영원히 '사장님'이고, 한번 회장님은 계속해서 '회장님'으로 불린다. 때문에 경제가 어렵다고 하나 우리 주변에는 사장님과 회장님은 수도 없이 많다. 틈만 나면 스마트폰을 보고, 시간이 나면 PC나 TV에 빠진다. 마치 프로그램화되어 있는 로봇이나 일정하게 작동되고 있는 기계처럼 살아가고 있다.

경쟁 사회에 주입식 교육, 군대식 행동, 경쟁하고 비교하고 우월감 때문일까. 자신의 생각과 주장이 강하고, 귀 기울여 주지 않고, 기다려 주지 않는다. 사람은 누구나 고귀한 존재이고, 누구나 존중받아야 할 권리가 있는데.

존중과 배려에 있어서, 사람을 평가하고 인정하는 것에서 아직도 학연과 지연, 인맥이 작용한다. 특히, 정치인과 직위와 직책을 가진 사람들이 더하다. 있는 그대로 평가하고, 인정할 때 상식과 원칙이 지켜진다. 배려하고 존중할 때 감사와 고마움을 느낀다. 반면에, 무시하고 신뢰가 깨질 때 실망스럽고 허탈해진다.

투명하고 공정한 사회, 배려하고 존중하는 사회, 신뢰와 믿음이 가는 사람들이 그리운 시대이다.

가족 등반

지금껏 지리산의 정상을 몇 번이나 올랐을까. 고등학교 시절에 친구들과 천왕봉을 올라갔다 온 적이 있었다. 성인이 된 이후, 연수회나 MT로 여러 번 지리산을 갔었지만 정상까지 올라간 적은 없었다.

올여름, 둘째 아들이 군 입대를 앞두고 있어 등산을 통해 체력도 강하게 하고 가족 단합을 위해 지리산 가족 등반 계획을 세웠다. 카톡방에 등반 계획을 공지하니, 이런저런 이유를 들어 정상까지의 등반은 힘들다고 아우성이었다. 큰아들은 "늘 피곤한 생활의 연속인데 무더운 날씨에 왜 산에 올라가려고 하세요?" 둘째는 "앞으로 입대하면 늘 산에서 생활해야 하는데~." 평소에 조용하던 가족 카톡방이 북적대며 걱정과 불만으로 소란스러워졌다.

왜 힘들게 산을 오르려고 하지? 나 자신도 꼭 정상까지 올라야 하는지에 대한 의문이 생겼다. 가장으로서 건강과 단합을 위해 등산을 계획하였는데! 높은 산도 젊었을 때 오르는 것이 좋은데. 어떤 이들은 히말리야 등반을 한 사람과 안한 사람, 만리장성을 올라본 사람과 안 가본 사람, 지리산 정상을 경험한 사람과 안한 사람으로 구분한다는데.

마음 같아선 나 혼자라도 정상까지 오르고 싶었으나 가족 구성원의 의견을 들어 등반 계획을 수정하였다. 첫째 날, 백무동 계곡에서 피서를 한 후, 다음 날 아침 준비가 되는 대로 산을 오르다가 적당한 지점에서 내려오는 것으로 수정하였다.

지리산에는 중산리계곡, 피아골계곡, 달궁계곡, 화엄사계곡 등 수많은 계곡이 있다. 칠선계곡과 뱀사골계곡을 포함한 한신계곡을 지리산의 3대 계곡이라 한다. 계절과 장소에 따라서 풍경이 달라지겠지만 한신계곡이 최고인 것 같다. 울창한 숲과 큰 바위와 폭포들이 있기 때문이다.

맑은 물에는 고기가 없다水至清則無魚고 하였던가. 백무동 계곡에는 물고기가 보이지 않았다. 바위와 바위 사이로 물웅덩이와 폭포가 있고 물소리, 바람 소리가 들려왔다. 여름의 더위를 잊을 수 있는 곳. 깜깜한 지리산의 밤하늘에는 수많은 별이 빛나고, 성운마저 구름처럼 솜털처럼 반짝이고 있었다.

인간 세상이 아닌 백무동 계곡에는 신선이 살겠구나. 아니 누구든지 이 계곡에 살면 신선이 되겠구나 싶었다. 왜 '백무동'이라고 할까. 이름 붙인 사연도 가지각색이다. 옛날부터 지리산의 지혜로운 기운을 받기 위해 '백 명의 무당이 머물던 곳'이라 '百巫洞'이라 했고, '안개가 자욱하게 끼어있는 곳'이라 '白霧洞'이라 했단다. 또한, '무사, 화랑이 많이 배출한 곳'이라 하여 '白武洞'이라 이름 붙였다고도 한다.

백무동 계곡에서 출발하여 잘 정비된 한신계곡의 산길을 따라 올라가니 끊임없이 물이 흘러내리고 바위들이 이어져 있었다. 물소리 새소리를 들으며 산행하였다. 덥고 힘들어 가다가 쉬었다 가다가 쉬기를 반복하였다.

가볍게 산을 올랐었던 아내의 걸음걸이가 힘들어 보였다. 밀어주고 끌어주기도 하였다. 오랜만에 아내의 손을 잡고 산길을 걸으니 젊은 시절로 되돌아간 기분이었다. 어느새 두 아이가 훌쩍 커서 우리 부부보다 더 큰 모습이었다.

가끔 다람쥐가 나타나 가던 길을 멈추게 하였다. 날씨는 더웠으나 예상과 달리 누구도 불평이나 짜증을 내는 사람이 없었다. 모두 즐겁고 기분 좋은 모습이었다. 숲과 폭포를 배경 삼아 사진을 찍고 계곡물에 발 담그고 휴식을 취하며 아내가 정성들여 만들어 간 점심을 먹은 후 여유롭게 산에서 내려왔다.

비록 정상까지는 오르지 못했을 지라도 지리산의 광대함, 수려한 풍경, 맑은 공기, 굽이굽이 흐르는 물줄기, 끊임없이 이어진 산등선과 숲, 거대한 바위와 같은 대자연을 체험할 수 있었다. 피서처로 지리산만 한 곳이 또 있을까. 산에서 가족끼리 먹은 음식도 좋았다.

비록 최초의 목표는 달성 못 했지만, 즐거웠고 행복하였으니 만족하였다. 계획을 세우고 토론하며 상대의 마음을 수용함으로써 화합과 단합이 이루어진다는 것을 새삼 경험할 수 있었다. 다음 기회에 가족들의 의견을 모아 다시 지리산을 오르리라. 천왕봉은 언제나 기다려 주겠지.

높은 산을 오를 수 있도록 언제나 건강을 유지하련다.

철원에 다녀오다

지독하게도 무더웠던 여름, 막내가 군에 입대하였다. 혼자 떠나보냈다. 전쟁이 나고 사고가 잦았던 옛날 같았으면 온 가족이 떠들썩하게 배웅해주었을 것이다. 국가의 부름을 받고 떠났으니 무사히 군 복무를 마치고 귀가하길 바랄 뿐. 막내마저 떠난 집은 빈 둥지다.

아들이 입대한 지 4주가 지나자 신병교육대에서 수료식에 참석할지 물어왔다. 참석해야지! 그동안 아들이 어떻게 변했는지 궁금하기도 하고 격려를 해주고 싶었다.

집에서 철원 군부대까지의 길은 멀고도 멀었다. 자동차는 북으로 북쪽으로 달렸다. 출발한 지 7시간이 지나 철원의 숙소에 도착했다. 휴전선 근처의 지역은 낙후되어 있겠지 짐작했었으나, 많이 발전된 모습이었다. 예전에는 시끄러운 확성기 소리와 건물들이 초라했으며 민가가 드문드문 있었는데.

다음 날, 수료식 참석을 위해 강당에서 기다리고 있는 부모들에게 자식들의 신병 훈련 모습들을 동영상으로 보여주었다. 오전 10시, 구령에 맞추어 새까맣게 탄 병사들이 분대별로 연병장으로 뛰어들어왔다. 신병들이 씩씩하게 보였으나, 마치 기계의 부품처럼 보여 마음이 편하지 않았다. 연병장에 도열하고 있는 여러 병사 가운데 자식을 구별하는 데 한참 동안 시간이 걸려야 했다.

"수료식은 끝이 아니라 시작이다. 개인도 군대도 발전해 가야 한다." 어디에서 어떤 보직을 받을까 궁금하겠지만, 어떤 사람을 만나는가가 중요하다. '좋은 사람을 만나기에 앞서 먼저 자신이 좋은 사람이 되도록 노력하자!'고 훈시하던 사단장은 마지막으로 「군인은 죽어서 말한다」 시를 들려주었다.

수료식이 끝나고 부모들은 자식의 가슴과 어깨에 이등병 계급장과 태극 마크를 달아주었다. 대신 아들은 빨간 카네이션 배지를 부모의 가슴에 달아주었다. 가슴이 찡했다.

군의 모습이 달라지고 있었다. 현대식 시설로 훈련 방법과 병사들에 대한 인식도 변하고 있었다. 경직된 계급 생활, 교도소 같은 병영 생활, 폐쇄적인 상하 관계에서 탈피하고 있었다. 국가와 군대가 발전하고 있구나! 실감하였다. 면회의 모습도 달라졌다. 부모들은 수료식을 마친 아들을 데리고 나가 펜션에서 쉬게 한 후 귀대시키는 모습이었다. 막내는 반나절을 우리와 함께 보낸 후 다시 복귀하였다.

다음 날, 아내와 나는 제2 땅굴, 평화전망대, 달릴 수 없는 월정리 철도역, 노동당사를 둘러보았다. 저 멀리에 백마고지가 보였다. 백마고지는 중부 전선의 심장부이다. 철원 평야와 서울을 연결하는 군사적인 요충지다. 6 · 25 전쟁 중 휴전 협정을 앞두고 양측이 12번의 치열한 전투에서 중공군 1만여 명이 죽고, 백마부대원 3천4백 명이 전사한 곳이다. 수많은 포탄이 쏟아졌고 양측의 치열한 전투로 산등성이가 허옇게 벗겨져 마치 백마가 쓰러져 있는 모습이라고 하여 '백마고지'라 부르게 되었다. 물론 백마 부대원의 공적도 포함되었으리라. 시체가 쌓이고 피가 낭자했던 백마고지가 이 땅에서 다시는 있어서는 안 될 것이다.

1953년 정전협정 이후, 분단된 조국은 손자 대까지 이어져 오고 있다. 곧 통일이 되겠지 생각했던 38선은 아직도 허물어지지 않고 있다. 무엇을 위해, 왜 동족끼리 전쟁을 해야만 했을까? 저 멀리 북녘 땅이 보이고, 두 동강난 철색선이 펼쳐있다. 68년 전에 헤어진 가족은 아직도 소식을 모르고, 철원 평야는 말이 없다. 가을 하늘은 높고 푸르며 평화로운데. 뜨거운 태양 아래 곡식들이 익어가듯 통일의 염원이 무럭무럭 익어가기를 기원하여 본다.

2017년 8월, 남북 관계와 북미 관계가 긴장되고 있는 시기에 아들은 비무장 지대 근무를 자진해서 지원하였다. 걱정되면서도 한편으로 최전방을 지키려는 아들이 든든하고 자랑스럽기도 하다. 최전방 GP에서 근무하는 아들 덕분에 분단된 조국의 현장을 볼 수 있었고, GOP와 GP의 차이를 알게 되었다. 북한의 '민경대대'와 우리 측의 '민정경찰'의 의미도 알게 되었다.

아들이 입대한 후, 철원 지역의 군부대에서 포탄 폭발 사고가 들려왔다. 얼마 후에는 길 가던 병사가 날아온 총탄에 맞아 사망하였다는 뉴스가 들려왔다. 사고가 난 장소에서 아들이 신병 훈련을 받았고, 그 피해자 부모 또한 내가 살고 있는 같은 지역이기 때문일까. 남의 일 같지 않다. 이러한 걱정이 어찌 아들을 군대에 보낸 이 아비의 심정뿐이겠는가. 이러한 걱정이 어찌 이번뿐이겠는가. 언제나 무사 안녕하기를~.

—2017년 아들의 신병훈련 수료식에 참석한 후

랑이를 좋아하는 아들

둘째 아들은 어릴 때부터 벌레를 포함한 생물을 좋아했다. 움직이는 것을 보면 그냥 지나치지 않았다. 무엇이든 지켜보고 만져보았다. 친구들과도 잘 어울렸기에 나이를 불문하고 동네 아이들은 거의 다 알 정도였다. 놀기로는 최고, 등수로는 일등이었다.

어느 부모이든 자식에게 다해 주지 못한 것이 있거늘. 우리 부부는 어릴 때부터 강아지를 키우자는 둘째의 요구를 들어 주지 못했다. 아파트에 산다는 이유였다. 부모가 이루지 못한 것을 둘째가 이루기를, 그래서 멋진 주택에서 개와 함께 살아가기를 바라는 마음뿐.

아들이 초등 2학년 때, 나는 지인으로부터 진돗개인가? 진돗개

사촌인가? 귀여운 강아지 한 마리를 선물 받았다. 아들은 금세 개와 친구가 되었다. 하지만 아파트에서 계속 개와 생활할 수 없어 고민하던 중, 아버지께서 개를 키우겠다고 하시기에 나는 시골 부모님께 개를 맡겼다.

오랜만에 시골집에 가면 흰둥이는 우리를 반가워했다. 두 발을 세우고, 춤을 추고, 꼬리를 흔들고~. 개의 행동은 사람과 같았다. 챙겨 갔던 생선과 뼈다귀를 주고 아이는 개를 껴안고 쓰다듬어 주었다. 묶여만 있었던 개를 풀어주면 개는 온 동네를 뛰어다녔고, 과수원에 데려가면 온 산을 헤집고 다녔다.

3년이 지난 어느 여름날, 연로하신 어머니는 매일 개밥을 챙겨주고 개똥 치우는 것이 힘드셨는지, 아니면 복날 개장수에게 꼬임을 당하셨는지 개를 팔았다. 개가 팔린 사실을 늦게 아신 아버지는 개장수에게 거래를 취소하자고 부탁하고 사정을 했으나 냉정하게 거절당하셨다. 개장수는 이미 우리 집 개의 가치를 알아채고는 개를 데리고 잽싸게 마을을 떠났던 것이었다.

문제는 여기에서 끝나지 않았다. 개가 팔린 사실을 모르고 시골에 갔던 둘째는 개가 팔린 사실을 알고는 발을 동동, 몸을 데굴데굴, 울고불고 난리였다. 둘째는 며칠 동안 개 잃은 슬픔에 잠겨 있었다. 이후, 우리는 둘째 앞에서 개 이야기는 일절 할 수 없었다. 둘째의 책장에는 언제나 개와 다정하게 찍은 사진이 놓여 있다. 나 자신도 흰둥이의 사진을 보면, 여름 복날이 다가오면 팔려간 흰둥이 생각에 가슴이 먹먹해진다.

아들이 다니는 중학교의 길목에 자리한 우리 아파트는 아이들이 등하교하는 모습이 훤히 내려다보이는 곳이다. 수업을 마치고 모두가 귀가하는데, 둘째는 곧바로 집으로 돌아오지 않았다. 아내는 귀가하지 않는 아들 때문에 걱정이었다. 운동장에서 놀고 있나? 게임방에서 놀고 있을까? 확인해보면 아들은 친구 집에서 놀고 있었다. 수업을 마치고 집이 아닌 친구의 집으로 향하였다. 저녁에도 독서실이 아닌 친구의 집이었다. 친구 집은 2층 단독주택으로 정원도 있고 친구의 여동생도 살고 있었다.

대학생이 된 아들은 지금도 친구 집에 자주 간다. 때로는 친구 집에서 놀고 자고 먹고 한다. 좀처럼 보이지 않는 아들, 집에 나타나지 않는 아들에게 전화를 걸어 "지금 어디서 뭐하냐?" "왜 빨리 집에 안 오냐?"고 물으면 "지금 랑이랑 산보하고 있어요. 랑이랑 좀 더 놀다 갈게요." 대답은 매번 같다.

'부잣집 친구의 여동생에게 관심이 있나? 벌써부터 여자 친구를 사귀나?' 아들의 행동이 의심쩍었는데, 다행스럽게도 아니 실망스럽게도 랑이란 이름은 친구의 집에 사는 개, 흰둥이의 이름인 것을 알게 되었다.

둘째와 랑이와의 즐거운 만남은 지금도 계속되고 있다.

남녀 구별

어렸을 적, 식사 자리에서부터 차례, 명절, 소꿉놀이, 공놀이에서 남녀가 구별되었다. 내가 다녔던 중 고등학교는 남학생 학교였기에 여학생을 만날 기회가 없었다. 여학생을 쉽게 대할 수도 가까이할 수도 없었다. 여자는 신기하고 신비롭게 보였다. 여자아이 앞에 서면 긴장되었고, 땀만 흘리며 말도 제대로 걸지 못하였다.

대학을 진학했지만 250명이 넘는 학부 전체에 여학생은 고작 5명이었고, 학과에는 단 1명뿐. 낭만과 젊음이 있다는 대학 시절에도 여학생을 사귀기가 쉽지 않았다. 대학 축제에 동행할 여자 파트너가 없어 난처한 적도 있었다.

여학생을 사귀는 친구들이 부러웠다. 그들은 잘생겼고 특별한 능력이나 재주가 있는 것으로 여겼다. 여자친구가 없었던 나는 뭔가 부족하다고 생각하여 운동도 열심히 하고 주어진 일에 더 노력하였던 것 같다.

지금 나의 두 아들이 한창 놀고 싶은 나이인데 공부에 지친 모습을 볼 때 안쓰럽고 안타까워 보인다. 나의 아들은 이성에 대한 나의 전철은 밟지 않기를 바라며 여자아이들과 구별 말고 지내라고 한다. 가끔 여자친구들에 관해서 물어 본다. 하지만 기대와 달리 오래전 나의 시절과 크게 달라진 것이 없다.

정부나 교육부에서는 남녀공학을 권장하고 있지만, 아직도 남녀가 구별되고 있는 것이다. 아이들은 남녀 구별 없이 지내려고 하나 부모들이 구별시키고 있지는 않는지. 딸 가진 부모들이 더 남녀구별 학교를 선호하고, 남녀가 구별되어 생활하기를 바라고 있지는 않는지. 사고 치지 않고 공부만 하기를 바라는 마음으로.

아들이 다녔던 중학교는 남녀공학이었는데, 남학생과 여학생이 별도의 반으로 구분되어 있었다. 식당에서도 남학생, 여학생이 따로 따로 줄지어 식사를 했다. 이렇게 학교생활을 하다 보니 3년 동안 같은 학교에 다니고도 여학생과 남학생 간 이름 하나 모르고, 대화 한번 나눈 적이 없었다고 하니 이게 뭔 남녀공학인가! 남녀구별학교지.

시설이 미비하다, 운영이 어렵다, 지도가 어렵다는 등등의 남녀공학의 어려움과 그에 따른 부작용은 바로 나타나지만, 남녀공학의 순 기능은 긴 시간을 두고 나타날 것이다. 이런 이유 때문에 부모들이나 학교 측에서는 남녀를 구별하고 있는 것이다.

한창 공부할 시기에 이성 교제로 방황하고, 좋아한다, 사랑한다는 마음이 잘못 표현되는 경우가 있다. 성인이 되어 단지 남자라는 이유로 으스대고, 공격적이고, 우월감을 갖는 사람도 있다. 성차별, 성희롱, 성폭력과 같은 사회 문제도 발생한다.

잘산다는 것, 선진국이라 것은 비단 경제적 수준뿐만 아닐 것이다. 남녀가 차별 없는 가정과 학교생활에서부터 자연스럽게 이성 문제가 해결되고 부드러운 인성이 형성되지 않을까 싶다.

선물

명절이 다가오니 선물이 오간다. 특별한 날이나 기념일에 사랑하고 감사하는 마음으로 선물을 주고받는다.

선물을 받으면 기쁘겠지만, 선물을 줄 수 있는 능력이나 여력이 되면 더 기쁘다. 선물할 대상이 있어 선물을 준비하고, 선물을 주는 순간 얼마나 행복한가. 주는 즐거움이 더 크다. 준다는 것은 부자임을 의미한다. 줄 수 있다는 것은 마음이 풍요롭다는 것이다. 반대로 주는 것을 아까워하고 하나라도 잃을까 안달하는 사람은 많이 갖고 있더라도 가난하다.

주는 것이 꼭 물질만은 아니다. 기쁨과 슬픔, 관심과 이해, 사랑과 동감, 지식과 이해, 웃음과 유머를 줄 수 있다. 주는 행위는 무엇인가를 탄생시킨다. 주므로 해서 타인을 즐겁게 하고 풍요롭게 하기 때문이다. 나누는 즐거움은 다른 사람을 주는 사람으로 만든다. 사랑은 또 다른 사랑을 일으키는 것과 같다.

주고받는 선물은 나름대로 의미를 지닌다. 반지는 '영원한 동반자가 되어주세요', 목걸이는 '내 마음의 반을 당신께 드립니다., 초콜릿은 '당신을 사랑해요' 손수건은 '이별'이요, 꽃은 '사랑해요, 감사합니다.'라는 의미를 갖는다.

그래서인지 물건을 선물할 때 신경이 쓰인다. 어떤 것이 적합할까? 어떤 것이 어울릴까? 비교해서 고른다. 적절한 가격에 상대에게 맞게 선물을 하는 것은 여간 힘든 게 아니다. 때와 장소에 따라서, 언제 어떻게 전달되는가에 따라서도 그 기쁨과 의미가 달라진다. 그렇다고 언제, 어떤 선물을, 어떻게 전달해야 할지, 무엇이 필요한지, 무엇을 좋아하는지 물어볼 수도 없다.

나는 큰 수술을 받고 건강을 회복하는 시기에 홍삼을 선물로 받았다. 하지만 당시 의사가 나에게 먹지 말라고 한 것 중의 하나가 홍삼이었다. 술이 싫고 술자리가 없었으면 좋겠다고 할 때, 술을 선물 받은 적도 있었다. 받은 선물이 내 마음에 썩 들지는 않지만, 나를 위하여 선물을 고르고 기꺼이 전해 준 그 고마운 마음을 내내 잊지 못한다.

최근, 무엇을 선물할까 고민하다 끝내 좋은 것이 떠오르지 않을 때엔 현금을 준비한다. 요즘 부모님들은 선물 중에 가장 선호하는 것이 현금이라고 하니 괜찮은 선물이라 생각된다. 현금이야말로 준비하고 주고받기가 얼마나 쉬운가. 그래도 어째 좀 세속적이고 건조하며 배려와 정성이 부족한 것 같아 망설여질 때가 있다.

"내가 하는 부탁이 남이 보면 청탁일 수 있습니다. 내가 하는 선물이 남이 보면 뇌물일 수 있습니다."라는 공익 광고가 들려온다. 비밀스럽게 받는 것도 아니요, 도와달라고 주는 것도 아니다. 직무에 관한 부정한 보수로서 이익을 취하는 것도 아닌데 나는 선물을 받을 때 선뜻 "고맙습니다, 감사합니다."라고 말하기에 앞서 받아야 할지 거절해야 할지 망설인다. 김영란법도 시행되고 있어 받지도 않고 주지도 않는 것이 편할 것 같기도 하지만, 작은 정을 나누는 것조차 막는다면 얼마나 삭막하랴.

존경하는 사람, 소중한 사람, 사랑하는 사람들과 주고받는 선물은 더 기쁘고 행복하다. 문득 외로워지는 날, 나를 생각하고 아껴주는 사람으로부터 사랑이 가득 담긴 작은 선물 하나 받고 싶은 마음, 나만은 아닐 것이다.

남자와 여자

모든 생물은 유전자에 정해진 대로 살아간다. 유전자는 한 세대에서 다음 세대로 이어지면서 인체를 형성하고 개체의 특성을 결정짓는다. 유전자는 교차에 의해 파괴되지 않고, 단지 파트너를 바꾸어 가면서 경쟁하고 협력하면서 일부는 생존하고 일부는 사멸된다.

생물들은 DNA를 위해 살아가는 기계이며, DNA의 중요한 일 중 하나는 복제이다. 인간의 자기복제에는 문화와 모방이 추가된다.

생물체는 자기 효율을 높이기 위해 끊임없이 생존 방법을 개발해 간다. 생태계는 안정된 것으로 유지되면서 진화는 자연 선택에 의해 이루어지고, 자연 선택은 최적자의 생존으로 이어지면서 자기희생을 치르며 개체나 그룹을 형성해 간다.

지구가 생성된 초기에는 고온 고압의 극한 환경이었다. 생태계는 다양하지 않았고 암컷 수컷의 결합이 없는 중성, 주로 동형배우자 간 접합이었다. 심지어 죽은 동료의 DNA를 이용해서 변태적으로 생존을 이어갔다.

수컷이 없는 무성 생식은 번식이 쉽고 빠르지만, 환경 변화에 취약하며 돌연변이가 축적되는 취약점을 갖는다. 이러한 취약점을 보완하기 위해 암수가 결합하는 방식으로 진화해 왔다. 지구상 생물의 99.9 %는 암컷과 수컷이 결합해서 번식한다. 극히 일부 종은 암컷만 살아가지만, 수컷들만 살아가는 종은 없다.

특이한 점은 좋은 환경에서는 혼자 살아가다 나쁜 환경이나 극한 환경에서는 서로 융합하고 결합하는 방식을 선택한다. 사람도 때로는 힘들고 어려울 때 관심과 사랑이 싹트고 아름답고 강렬한 사랑을 이루기도 한다.

암수의 결합인 섹스는 결코 쉽고 간단치가 않다. 번거롭고 위험하고 시간과 에너지가 요구된다. 짝을 구하기 위해 강을 건너고, 헤엄치고, 몸치장을 하고, 유혹하며 연적을 죽이기까지 한다. 배우자를 선택한 이후에도 참고 희생한다.

1970년까지는 대개 수컷이 주도적으로 암컷을 선택하는 것으로 알려져 왔으나 최근 여러 생물 세계에서 주로 암컷이 수컷을 선택하는 것으로 밝혀지고 있다. 우리 사회도 여성이 먼저 프러포즈를 하는 것을 볼 수 있다.

사람의 경우, 난자 하나가 만들어지는 시간에 정자는 수억 개나 만들어진다. 여자는 평생 400개의 난자를 생성하지만 남자는 2000조 개의 정자를 생성한다. 정자와 난자의 생성과정, 수정, 출산, 양육의 과정을 보면 왜 여자가 남자를 선택할 때 고민하고 망설이며 애를 태우고 신중한지 이해할 수 있다.

그래서일까 남자는 여자에게 자신을 어필하기 위해 끊임없이 노력하고 개발한다. 화려하게 변신을 한다든지 돈과 권력과 같은 수단과 방법을 개발한다. 그래서 세상은 더 화려하며 아름답고 다양하게 발전한다.

많은 국가들이 일부일처제를 법으로 정하였다. 왜 일부일처제일까? 남자인 나로서는 아쉽기도 하고 의문스럽기도 하다. 오랜 기간 동안 서로 시행착오를 통해 양쪽 모두가 유리하고 안정된 방법을 선택한 것이 일부일처제다. 자식의 양육 기간이 길면 길수록, 양육 분담이 철저할수록 부부관계가 좋고 일부일처제를 선호한다.

화성에서 온 남자와 금성에서 온 여자가 처음에는 서로의 차이 때문에 매력을 느끼고 관심을 갖다가 사랑에 빠진다. 시간이 지날수록 그 차이 때문에 문제가 발생한다. 서로가 다른 혹성에서 온 사실을 잊어버리고, 자기와 같은 방식으로 생각하고 느끼리라는 착각에 빠진다.

남자는 힘과 능력, 효율과 업적을 중시하고 느낌보다는 사물과 사실에 관심이 많다. 끊임없이 노력하고 목적을 이루는 능력을 통해 자기 존재를 확인하려고 한다. 인정받고 신뢰받기를 원하며, 있는 그대로 받아들이기를 원한다. 감사와 찬미, 격려를 받고 싶어 한다. 반면에 여자는 시간, 대화, 아름다움과 관계에 높은 가치를 둔다. 관심과 이해, 공감과 호응을 원한다.

남자는 고무줄과 같다. 독립과 자율에 대한 욕구 때문에 주기적으로 튕겨 나갔다가 다시 되돌아오는 습성이 있다. 여자는 파도와 같다. 기분이 좋았다가 돌연 곤두박질친다. 밑바닥에 도달했다가 다시 솟아오른다. 파도가 용솟음 칠 때 여자의 가슴에는 사랑이 충만하고, 파도가 꺼지면 마음이 공허해서 사랑을 갈구한다.

외관적으로 구조적으로 여자와 남자는 다르다. 몸과 마음이 다르고, 감정과 행동이 다른 것을 아는지 모르는지. 함께 살아가면서도 서로 다를 수밖에 없다는 사실을 잊지 말일이다.

---

* 이 글은 『이기적 유전자(Richard Dawkins)』, 『화성에서 온 남자 금성에서 온 여자(존그레이)』, 『인간의 섹스는 왜 펭귄을 가장 닮았을까(다그마반데어노이트)』 책의 일부내용을 인용하였음을 밝힙니다.

약속

나는 철석같이 믿었던 같은 직종의 단체가 약속을 지키지 않는 탓으로 큰 경제적 손실과 실망에 빠져 있다.

약속이 지켜지지 않으면 신뢰가 무너진다. 신뢰는 믿음이며 믿음이 없으면 건전한 인간관계와 안정된 사회가 형성되지 않는다. 지키지 못할 약속은 처음부터 하지 말아야 한다. 약속은 지키기기 위해서 하는 것.

가끔 약속을 지키지 않는 국가, 단체, 정치인을 보곤 한다. 정치인이나 행정가들이 한 약속을 어김으로서 시민들이 막대한 피해와 고통을 겪는다.

우리는 수많은 약속의 이행 속에서 살아가고 있다. 사회적인 규범이나 법규를 포함해서 동료나 친구 간 약속, 연인과 부부 간의 약속, 사회와 직장 단체 간의 약속, 국가 간의 약속, 종교적인 약속을 실천하며 살아가고 있는 것이다.

나는 자신과의 약속을 포함해서 자식과 학생들과의 작은 약속도 지키기 위해 노력한다. 작은 약속마저 지키지 않으면 큰 약속도 지키지 않을 수 있기 때문이다.

소속의 구성원으로서 지켜야 할 의무와 자신이 존재하므로 지켜야 할 의무가 있다. 사회적인 규범이나 의무가 있고, 부모, 자식으로서의 의무가 있다. 그런데 가끔 뉴스에서 들려오는 아동학대, 부모학대, 자식 부모간의 불행스러운 사건을 접할 때 인간성의 상실과 의무와 약속의 중요성을 새삼 느낀다.

약속의 실천에 관한 이야기 하나를 소개한다.

아름다운 아가씨가 여행 중, 목이 말라 우물로 내려가 물을 마신 후, 올라올 수가 없었다. 때마침 지나가던 젊은이가 그녀를 구해주었다. 그것이 인연이 되어 서로 사랑하는 사이가 되었다. 며칠이 지나 젊은이는 다시 길을 떠나지 않으면 안 되었다. 그들은 서로의 사랑을 지킬 것을 굳게 약속하였다. 아가씨는 그와 결혼하게 될 날까지 기다리겠노라고 했다. 젊은이는 증인이 필요하다고 했다.

때마침 족제비 한 마리가 지나가고 있었다. 아가씨가 말했다. "저 족제비와 이 우물이 우리 약속의 증인이에요." 두 사람은 다시 만날 것을 약속한 한 후 헤어졌다. 아가씨는 약속을 지키기 위하여 젊은이를 기다렸다. 하지만 젊은이는 다른 여자와 결혼하여 아이를 낳고 살아가던 중 아이가 밖에서 놀다가 족제비에게 목을 물려 죽고 말았다. 또 다른 아이가 태어났고 조금씩 걸을 수 있게 되었을 때 우물가에 놀다 아이가 우물에 빠져 죽고 말았다. 젊은이는 그때야 아가씨와 맹세했던 약속이 생각났다.

약속의 실천이 얼마나 중요한가를 일깨워 주는 이야기이다. 나는 아무도 없는 도로에서 차 한 대도 지나가지 않는 교차로에서 교통 신호를 지킨다. 신의를 굳게 지킨 우직했던 미생이 되어도 좋다. 교통법규 이전에 사회적 약속이자 만인의 약속이기 때문이다.

부러진 칼끝

결혼 초기에 처남으로부터 칼 세트를 선물로 받았다. 당시에는 귀하다는 명품 칼이었지만, 하필이면 날카로운 칼을 그것도 한 개가 아닌 여러 개의 주방 용 칼을 선물로 줄까 의아해 했었다. 하지만 시간이 갈수록 좋은 선물이었구나! 실감하고 있다. 조그만 크기의 칼에서부터 큰 칼까지 종류별 크기의 칼과 칼갈이까지 포함된 것으로, 생김새와 기능이 좋아 오랫동안 유용하게 사용하고 있기 때문이다. 칼은 생활의 필수품이요, 무기이고 흉기이며, 힘의 상징이다.

그런데 선물을 받았을 당시, 가장 작은 칼의 칼끝이 잘려 있었다. 칼끝이 너무나 날카로워 보였기에 장인께서는 그 단단하고 견고한 칼끝을 힘들게 잘라 주셨던 것이다. 나는 이 칼을 사용하면서 칼끝이 없는 불편함을 느끼는데 그럴 때마다 이런저런 생각에 잠긴다.

먼저, 장인께서 아들이 먼 외국에 갔다 오면서 사서 온 칼을 보시고 기뻐하기 보다는 걱정을 하셨구나. 특히, 이제 막 결혼을 한 딸에게 날카로운 칼을 선물하려는 걸 보고 얼마나 염려와 걱정을 하셨을까? 그래서 자식을 걱정하는 마음으로 여러 개의 칼 중, 가장 날카로운 칼끝을 잘라주신 것이었구나! 자식에 대한 사랑과 걱정, 사고 예방을 위한 대처를 몸소 실천하신 것이었다.

그러나 실제 칼을 사용하다 보면, 칼끝이 없는 아쉬움을 느낀다. 날카로운 칼끝도 나름대로 기능과 쓸모가 있는 법. 나는 장인의 마음을 이해하고 고마움을 느끼면서도 경우와 사정에 따라서, 사람에 따라서 판단기준이 다를 수도 있겠구나 생각된다. 날카로운 칼끝이 위험할 수도 있겠지만, 이 날카로움을 잘 다스린다면 편리할 수도 있기 때문이다.

언제나 어디서나 개인, 단체, 국가 간 옳고 그름에 대한 논란이 일고 있다. 고정불변의 자연현상이나 우주 법칙이라면 몰라도, 옳고 그름에 있어 절대적인 답은 없다. 생각과 관점이 다르기 때문이다. 시대에 따라서, 사람에 따라서, 상황에 따라서 옳다는 것이 틀릴 수도 있고, 틀린 것이 옳을 수도 있다. 옳고 틀리다는 논란에서 잠시 벗어나 멀리에서 바라보면, 저마다의 생각, 마음이 만드는 것임을 알 수 있다.

우리는 일상생활에서, 직장과 가정에서 크고 작은 논란이나 결정에 있어서 자기의 주장과 생각이 관찰되지 않아 사람들 간 충돌이 일고, 마음이 언짢아질 때가 있다.

누가? 무엇이? 옳고 그른가? 다를 뿐인 것을. 분명한 사실은 지나간 일이요. 확실한 것은 다가오는 죽음뿐인 것을.

"온 우주의 모든 존재들은 옳고 그름을 논하지 않는다. 있는 그대로 어울릴 뿐이다. 옳고 그름을 따지는 것은 오직 사람뿐이다."라는 글이 생각난다.

오늘도 나는 끝이 잘린 칼로 사과를 깎고 있다. 씨를 도려낼 때는 자못 불편하나, 자식에게 남긴 부모의 극진한 사랑을 다시 한 번 생각한다.

선비와 교수

오래전, 어느 회사의 사장님이 같이 산학연구를 하자고 전화가 걸려 왔다. 나는 이곳저곳을 알아보고 자료를 수집하며 연구계획서 작성에 바쁜 시간을 보냈다. 또한, 직접 만나서 의논하고자 사전에 약속을 한 후, 동료 교수와 함께 회사를 방문하였다. 그런데 사장이 부재중이었기에 대신 공장장을 만났다. 만약, 연구가 착수되면 회사가 부담해야 할 연구비와 회사의 역할에 관해서 설명해주었다.

얼마 후, 다행히 신청한 연구가 선정되었다. 전화를 걸어 연구를 착수하고자 대응 자금을 부탁하자 사장은 난색을 보이며 왜 귀찮게 하느냐면서 전화를 끊어버렸다. 사장의 행동으로 볼 때, 더 이상 연구가 순조롭게 추진되기가 어려울 것 같아 연구 추진을 포기하였다.

나는 가끔 그 사장이 보여준 행동에서 여러 생각에 잠기곤 한다. 특히, "왜 귀찮게 하느냐."고 했던 그분의 말에 아픔을 느끼면서 수긍을 못하고 있다. 왜냐하면 내가 해야 할 말을 그분이 하고 말았으니.

오래전, 대학의 수가 늘어나고, 시골의 읍, 면까지에도 대학이 들어서더니 지금은 신입생 모집난이다, 취업난이다 하여 대학이 곤경에 처해 있다. 학생이 교수를 평가하고, 월급을 주면서까지 성과급을 통해 전문성이 서로 다른 교수들 간 경쟁을 부추기고 있다. 정부에서는 위치와 사정이 서로 다른 대학을 비교 평가해서 정원조정, 재정지원, 구조개혁으로 압박하고 있다.

나는 환경 문제를 연구하고 있으므로 공무원들과 시민들을 자주 만난다. 친절하고 겸손하게 성의껏 나의 역할과 소임을 다하고자 한다. 그러나 간혹 과연 교수의 사회적 역할은 무엇이며, 어떻게 처신해야 하나 자문하곤 한다.

교수는 강의만 하는 직업이 아니다. "출퇴근이 불확실하다. 말을 잘해야 먹고 산다."고 했던 말은 시간만 지나면 월급이 올랐던 지난 시절의 우스개요, 잘못된 표현이다.

교수는 언제 어디서나 연구와 진리 탐구, 도덕성과 예절, 자유와 정의를 추구해야 할 사람들이다. 꼿꼿한 지조와 강인한 기개, 학예일치學藝一致로 항상 깨어있어야 했던 선비들은 어떠했을까?

조선 중기의 문신이면서 뛰어난 문장력을 지녔던 신흠은 "선비란

탁월한 능력을 지닌 이로 나라에 유용하게 쓰이기를 기다리는 사람이다. 늘 뜻을 고상하게 하며, 배움을 돈독하게 하고, 예절을 밝히며, 의롭게 행동한다. 그뿐만 아니라 성품이 고결하며 탐욕이 없고, 부끄러움을 아는 사람이다. 그런데 일부의 선비는 숭상하는 것은 권세이고, 힘쓰는 것은 이익과 명예이며, 밝게 하는 것은 시대의 유행이고, 좋아하는 것은 담론이고, 자랑스럽게 여기는 것은 겉치레이고, 잘하는 것은 오직 경쟁뿐이다."라고 한탄을 했다고 하니, 예나 지금이나 선비와 교수의 자세와 역할, 행태는 별 차이가 없구나 싶다.

신흠과 같은 시대를 살았던 조익趙翼이 남긴 "惟務自新 痛革前習 刻려堅固 人一己百, 스스로 새로워지기에 힘쓰면서 예전의 습관을 통렬히 바꾸고, 새기고 갈아 단단하고 굳게, 남이 한번 하면 나는 백번 하리라." 문구를 마음에 새긴다.

새해 아침이다. 교수들의 인식이 바뀌면 일방적으로 전화를 끊어버렸던 그 사장님도 언젠가 "미안합니다."라고 전후 사정은 설명하시리라!

이름

나라마다 이름을 짓는 방법이 다르다.

미국은 중간이름에 세례명이나 부모나 조상의 이름도 붙이고, 부모의 이름 뒤에 단지 Ⅰ, Ⅱ나 Junior를 붙여 부르기도 한다. 또 정치인이나 연예인, 작가, 스포츠맨 등의 유명인의 이름을 그대로 사용한다든지 발음은 유사한데 글자 한두 개만 다르게 붙여 이름을 짓기도 한다.

일본은 에도 시대까지 지배 계층만이 성을 가질 수 있었고 일반 민중들은 성이 없었다. 메이지유신 이후 성을 갖게 했는데 관청에서는 짧은 기간에 급하게 성을 부여하는 과정에서 살고 있는 지역의 특징에 따라서 山中, 山下, 川上 등과 같은 성을 붙였다. 상공인

의 경우에는 명문 귀족으로 대표되는 '후지하라(藤原, ふじわら)' 가문을 동경하여 '藤'자를 빌려서 작명하였다. 이토伊藤, 가토加藤 등 "藤" 자가 들어간 성들이 그 예이다. 또 주군의 이름 일부 글자를 떼어 받아 이름을 짓기도 하였다.

러시아, 스페인, 필리핀에서는 '본인이름+부모이름+성'으로 구성되어 성과 이름을 구분하기도 어렵고 발음하기도 어려워 몇 번을 들어도 알아들을 수 없는 이름도 있다.

우리는 조상의 성을 따르고, 이름은 항렬과 절기와 태어난 시간을 고려해서 짓는다. 사주팔자와 조화를 이루고 음양, 수리획수에 맞도록 짓기도 한다. 흉한 글자나 충돌되는 발음과 놀림감이 되는 이름은 피하고 거부감이 없도록 짓는다.

한때의 좋은 이름도 세월 따라 변하기도 한다. 나의 학생 중에 죄 하나 짓지 않았는데 이름이 '장기수' 라 부르기가 이상해 행정적인 절차를 통해 그의 독특한 이름을 바꾸었다.

호주의 교사들이 분석한 자료에 의하면, 이름에 따라 사람의 운명이 달라질 수 있다고 했다. 많은 심리학자도 이런 주장에 동의하고 있다. 이름은 단순한 라벨 역할뿐만 아니라 개인의 성품과 특성까지 구분 짓는 역할을 한다." 고 지적하였다. 독특한 이름을 가진 아이들이 평범하게 자라지 않는 경우도 있기 때문에 이름을 지을 때 이 점을 주의해야 한다고 지적하였다.

나의 이름은 아버지께서 지어주셨다. 발음도 쉽고 쓰기도 쉬우나 어째 좀 여자 이름 같아서 사춘기 시절에 내 이름 알리기를 쑥스러워 했다. 사회생활을 하면서 이름 때문에 여자로 여겨진 적도 있었다. 사실 여자였으면 한 시대의 인물로서 이름을 떨쳤겠지만.

태어난 생년월일의 숫자에 정해져 있는 의미를 조합해 짓는 인디언식 이름 짓기에 따르면 나는 '붉은 매'란 뜻이 된다. 날카로운 부리와 발톱, 날렵한 날개를 가진 카리스마 넘치는 매의 특징을 조금이나마 닮았기에 그런대로 잘 지어진 이름인 것 같기도 하다.

아버지께 작명의 뜻을 물어보고 싶지만 망설이고 있다. 괜히 물어보았다가 지어주신 이름의 뜻과 현재의 내가 너무 차이가 난다든지, 이름의 뜻에 따라 살아가야 할 것 같기에 아직까지도 물어보지 않고 있다.

고등학교 시절, 나의 이름이 '길 도道자에 빛날 희熙'라는 것을 알고서 '내가 가는 길에 빛이 되어야겠다.'고 스스로 뜻을 새겨 행동하고 있다. 지금 내가 가고 있는 길은 어떤지? 혹 주위를 어둡게 하고는 있지 않는지? 가끔 자문해보기도 한다.

누구나 자신의 이름이 널리 알려지기를 원할 것이다. 이름 지을 때 그 뜻과 발음과 쓰기에 고심해서 정한다. 아직 태어나지도 않은 아이에게 태명을 지어 부르기도 한다. 나 자신도 자식이 태어나자 좋은 이름을 지어 주고자 무척 고심했던 적이 있다. 아버지께 부탁해서 두 개의 이름을 지어 받아 얼마간 불러보다 그중 하나를 정하였다. 자식의 이름 결정에 조부모의 뜻이 함께 반영되었으니 나의 자식들은 그 뜻을 저버리지 않겠지 기대하고 있다.

사람뿐만 아니라 기업과 가게를 운영하는 사람들도 상호를 정할 때 고심해서 정한다. 이름난 점쟁이나 역술가를 찾아가 돈을 지불하고 짓는다. 어떤 이름은 번창하고 어떤 이름은 제값도 못하고 사라진다.

기업이든 사람이든 세월이 흐르고 경륜이 쌓이면 그 이름이 뚜렷이 알려질 것이다. 혹 이름 부르기와 듣기가 이상할지라도 각기 이름의 깊은 뜻이 있기에 그 뜻을 새겨 영원히 번창하기를 기대해 본다.

김도희 수필집
명태 돌아오라

인쇄 2019년 4월 5일
발행 2019년 4월 8일

지은이 김도희
발행인 서정환
펴낸곳 수필과비평사
주소 서울시 종로구 삼일대로 32길 36(익선동 30-6 운현신화타워 빌딩) 305호
전화 (02) 3675-3885, (063) 275-4000 · 0484
팩스 (063) 274-3131
이메일 sina321@hanmail.net essay321@hanmail.net
출판등록 제300-2013-133호
인쇄 · 제본 신아출판사

ISBN 979-11-5933-215-9 03810
값 13,000원

이 도서의 국립중앙도서관 출판예정도서목록(CIP)은 서지정보유통지원시스템 홈페이지(http://seoji.nl.go.kr)와 국가자료공동목록시스템(http://www.nl.go.kr/kolisnet)에서 이용하실 수 있습니다.(CIP제어번호: CIP2019012412)

Printed in KOREA